Bernd Pastuschka
Plan_B
Anstiftung zum Widerstand
Argumente gegen kapitalistisches Wachstum
und Zerstörung

Dölling und Galitz Verlag

Für Links auf Webseiten Dritter übernehmen wir keine Haftung, da wir uns diese nicht zu eigen machen, sondern lediglich auf deren Stand zum Zeitpunkt der Erstveröffentlichung aufmerksam machen. Personen, die nicht belegt sind, sind fiktiv. Eine Ähnlichkeit mit realen Personen ist nicht beabsichtigt.

1. Auflage 2020
© 2020 Dölling und Galitz-Verlag GmbH München – Hamburg
© 2020 Bernd Pastuschka
E-Mail: dugverlag@mac.com
www.dugverlag.de
Schwanthaler Straße 79, 80336 München, Tel. 089/23230966
Friedensallee 26, 22765 Hamburg, Tel. 040/3893515
Umschlagabbildung vorne: Klaus Stuttmann, Berlin
Lektorat und Satz: Ulf Schiefer, Hamburg
Druck: BELTZ, Grafische Betriebe GmbH
ISBN 978-3-86218-142-1

Bernd Pastuschka

Plan_B

Anstiftung zum Widerstand

Argumente gegen kapitalistisches Wachstum und Zerstörung

Dölling und Galitz-Verlag GmbH
München – Hamburg 2020
ISBN 978-3-86218-142-1

„Eine Spinne verrichtet Operationen, die denen des Webers ähneln, und eine Biene beschämt durch den Bau ihrer Wachszellen manchen menschlichen Baumeister. Was aber von vornherein den schlechtesten Baumeister vor der besten Biene auszeichnet, ist, daß er die Zelle in seinem Kopf gebaut hat, bevor er sie in Wachs baut."

Marx, Karl: Das Kapital, 1867–1894. I. Band: Der Produktionsprozeß des Kapitals. III. Abschnitt. Die Produktion des absoluten Mehrwerts, S. 192–213.

Inhalt

Plan_B 1
Vorgeschichte 1
Teil I 6
Meinungsfreiheit – Über Eigentum und die Freiheit des Willens 6
Vom Nachdenken und Widersprüchen 7
Wie man gerecht Pleite macht 9
Willensfreiheit, Mut und Verantwortung. 12
Exkurs: Widerspruchsfrei denken – wie geht das? 17
Mut und Verstand 25
Faulheit 28
Verantwortung I 29
Exkurs: Häusliche Gewalt 31
Verantwortung II 34
Gerechtigkeit und Wahrheit 39
Von der Idee zum geistigen Eigentum 43

Teil II 46
Lebenszeit – Zeit ist Geld 46
Bedingungsloses Grundeinkommen I, Um*fair*teilung 57
Exkurs Ehrenamt 66
Geld, was ist das? 71
Exkurs: Geld und Recht 77
Bitcoin und Krypto-Währung 79
Der Reichtum der Gesellschaft: Lauter Preise – lauter Verbote 83
Bedingungsloses Grundeinkommen II 88
Wachstum – weder Fluch noch Segen 95
Wachstum – Fazit 101

Teil III 106

„Wir", das Volk 106

„Wir" – eine gewaltige Abstraktion................................ 106

Exkurs: Auszug aus Brechts Flüchtlingsgesprächen........ 109

Von der Wiege bis zur Bahre. Die Tragik des notwendig falschen Bewusstseins 128

Wahlen, Wahlversprechen/Wahlprogramme: Wenn Mehrheiten wehtun und Minderheiten das erdulden müssen 131

Sein und Haben 140

Die Figur des Wahlkandidaten 142

Fridays for Future.. 144

Corona-Virus COVID-19 – Das Ende vom Anfang 160

Warum-Fragen wollen Antworten 174

Teil IV 175

Was tun? 175

Idealstaatskonzepte 175

Platon – Der Staat 180

Exkurs: Moderne Sklaverei 184

Thomas Morus (1478–1535): Die beste aller Verfassungen 190

Wilhelm Weitling (1808–1871): *Garantien der Harmonie und Freiheit* 197

Karl Marx: Von der Utopie zur Wissenschaft 208

Teil V 215

Plan_B 215

Literatur 221

Plan_B

Vorgeschichte

Es war ein ganz gewöhnlicher Vormittag, sofern man von „gewöhnlich" sprechen kann, denn jedes Semester ist anders, was weniger an mir als an der jedes Mal wieder aufs Neue anderen Zusammensetzung der Studierenden liegt. Es war ein Mittwoch. Nach dem Ende des Seminars, ich war gerade im Begriff, meinen Laptop einzupacken, kamen eine Studentin und ein Student zu mir und sahen mich erwartungsvoll an. Sie war eine zierliche Erscheinung mit hennaroten Haaren, einem Nasenpiercing und wachen Augen. Er überragte mich um Kopfeslänge und hatte die Statur eines Handballspielers. Der Ausschnitt seines T-Shirts ließ einen Teil seines Tattoos erkennen. Inmitten meiner Betrachtung platzte es aus ihm heraus: „Wir haben Ihre Buchempfehlung gelesen und finden das Buch ziemlich beschissen, es ist reaktionär!"

Ich muss sehr überrascht dreingeschaut haben, denn ich hatte mit allem Möglichen gerechnet, aber nicht damit. So brachte ich dann auch nur ein „Aha!" zustande. Nachdem ich mich wieder gefangen hatte, fragte ich, welches Buch ihnen denn so missfallen habe. Die Literaturliste in diesem Semester umfasste immerhin elf Titel.

„‚Tu, was du willst' von Savater",[1] kam es aus dem Mund der Rothaarigen. Darauf fragte ich: „Was ist denn so beschissen an diesem Buch?"

---

[1] Savater, Fernando: Tu was du willst. Ethik für Erwachsene von morgen, Frankfurt 1993.

„Savater ist konservativ, um nicht zu sagen reaktionär. Er tut so, als gehe es ihm um die Freiheit des Willens, um dann zu sagen, man solle sich an das Erlaubte halten. Das Erlaubte wurde im letzten und vorletzten Jahrhundert erfunden. Es sind Herrschaftsinstrumente. Wie sollen daraus fortschrittliche, unseren Lebensbedingungen entsprechende innovative Lösungen entstehen? Savater predigt im Unterschied zu Jean Ziegler im Grunde genommen Anpassung, weil er die gesellschaftlichen Normen als Chancen darstellt", antwortete die Rothaarige.

Und ergänzend fügte der „Handballer" hinzu: „Wir wollen keine Chancen, sondern echte Veränderung, und zwar jetzt!"

Dann erzählte er mir, dass er und drei andere eine Chatgruppe gründen wollten, um sich regelmäßig über ihre jeweilige Kritik am System auseinandersetzen, und lud mich ein, mit einem Impulsreferat daran teilzunehmen.

Als ich in der folgenden Woche das ungleiche Paar im Kulturzentrum sah, gesellten sich neben anderen Anwesenden drei weitere Personen ihnen dazu. Wie sich herausstellte, waren es Aktivisten aus anderen Städten, die ebenfalls an der Chatgruppe teilnehmen wollten.

Nach dem ersten Treffen, in dem ich meine Thesen zur Gemeinsamkeit der Standpunkte von „Tu was du willst" und „Was ist so schlimm am Kapitalismus" darlegte, vereinbarten wir weitere Treffen in Form eines Webinars.

Die Teilnehmer setzten ihren kritischen Schwerpunkt auf unterschiedliche Themen:

Nicole ist Tischlerin und engagiert sich für „Recht auf Stadt" und „Tierwohl".

Lua studiert Jura, will Anwalt werden, ist Aktivist bei verschiedenen Gruppen, engagiert sich gegen den G20-Gipfel und hegt Sympathien für ein bedingungsloses Grundeinkommen.

Laura studiert Sozialpädagogik, engagiert sich für die Anerkennung von Gleichgeschlechtlichkeit und in der Frauenbewegung gegen sexuelle Gewalt. Sie ist ebenfalls für ein bedingungsloses Grundeinkommen.

Aaron kommt aus Israel und hatte dort angefangen, Informatik zu studieren und sich in der Initiative BDS (Boycott, Divestment and Sanctions) engagiert. Er lebt jetzt mit seiner Freundin in Deutschland und arbeitet als Softwareberater in einer Computerfirma.

Der fünfte Interessent, Chris, nahm nur an zwei Treffen teil. Wie ich später erfuhr, waren ihm die Meetings zu rational, zu linksradikal. Er hatte sich von den Treffen eher philosophische Wertediskussionen versprochen.

Am Anfang unseres Treffens prallten die unterschiedlichen Standpunkte ungebremst aufeinander. Es ging unter anderem um die Bewertung des G7-Gipfels im Baskenland vom 24. bis 26. August 2019. Jeder wollte seine Meinung und „Problemlösungsstrategie" als die richtige anerkannt haben. Nicole hatte ihre Vorbilder in der ALF, der Animal Liberation Front, einer frühen US-amerikanischen Gruppe, die ihre Ökokritik mit einer Absage an das kapitalistische System verknüpft. Sie lehnen eine Hierarchie zwischen den Lebewesen der Erde ab.
Laura sympathisiert mit Extinction Rebellion (XR), weil deren Anhänger sich gegen eine parteipolitische Vereinnahmung wehren, ist aber der Meinung, dass die Vernetzung mit engagierten Leuten in den ökologisch orientierten Parteien eine Stärkung der Bewegung sein kann.

Dem widerspricht Lua, er ist für radikale Aktionen. Er hat ein Aktionstraining in zivilem Ungehorsam mitgemacht, dabei aber das Gefühl gehabt, auf einem Kirchentag gewesen zu sein. Er hegt Sympathien für die Vorgehensweise von Comité invisible (unsichtbares Komitee). Dessen Mittel des politischen Kampfes sind laut Lua gezielte Sachbeschädigung und Sabotage. Gewalt gegen Lebewesen lehnen alle vier trotz der Unterschiede in ihren Argumenten ab. Einig waren sich alle gegen rechte Rassisten und darin, „kreativer zu werden und die ausgelatschten Pfade zu verlassen, um die Mächtigen zu schwächen und die Kräfteverhältnisse zu unseren Gunsten zu verändern", wie sie es nannten.

Mein Vorschlag, sich in der darauffolgenden Woche über die Themen „Was ist eine Meinung, wie geht Nachdenken, wie geht das Argumentieren mit logischen Schlussfolgerungen?" zu unterhalten, wurde mit Neugier angenommen. Am Anfang ging es um Savaters Begrifflichkeiten wie Wahrheit, Vernunft und Gerechtigkeit. Schnell kristallisierte sich heraus, dass sie neben der Kritik der moralischen Fragestellungen „Wie geht ein gutes Leben?" konkrete Überlegungen und Maßnahmen diskutieren wollten, die zu einem wirklich guten Leben jenseits des herrschenden Kapitalismus führen. Ein *bedingungsloses Grundeinkommen* schien ihnen dafür ein richtiges Instrument zu sein. Welche Überlegungen und Kritiken sich an die *Bedingungen* für ein „gutes Leben" stellen, dass es ohne ein Wissen über die politische Ökonomie nicht geht, davon handelt dieses Buch.

Die nachfolgenden Dialoge und Monologe entstanden sowohl aus Gedächtnis- und Chatprotokollen, die ich nach

unseren Treffen anfertigte, als auch aus den Skripten zur Vorbereitung spezifischer Themenkomplexe.
Ich bin Dr. Theo T. Mohr, Dozent für Sozial- und Wirtschaftsgeschichte mit dem Themenschwerpunkt politische Ökonomie.

Teil I

Meinungsfreiheit – Über Eigentum und die Freiheit des Willens

„Ich sag ja nur meine Meinung!" – Über Eigentum und die Freiheit des Willens

Laura: Ich sag ja nur meine Meinung!

Lua rollt die Augen.

Laura (gereizt zu Lua): Was passt dir jetzt schon wieder nicht?

Lua: Wieso willst du jeden Gedanken, den du hier anbringst, vorab entschuldigen? Wir hatten uns darauf geeinigt, dass jeder von uns an dem, was er sagt, gemessen wird. Warum willst du immer betonen, dass es *deine* Meinung ist? Welche denn sonst, wenn nicht deine? Sie kommt aus deinem Hirn, oder bist du schizo?

Ich: Nicht so hitzig, Lua hat recht mit seiner Anmerkung. Du äußerst doch deine Überlegungen, es spricht ja nicht der Heilige Geist aus dir, auch wenn Meinungsäußerung heute zu einer Frage der persönlichen Ehre geworden ist. Die Meinung, die eine Person hat, soll für die Person sprechen, weil *sie* sie vertritt. Nicht die Sache, die in der Meinung vertreten wird, ist das Maßgebliche, sondern der Respekt vor dem Individuum. Das Schlagwort dafür heißt: Meinungstoleranz.

Laura: Wenn wir heute sagen, wir wollen nur unsere persönliche Meinung sagen, betonen wir doch nur, dass sie von uns kommt.

Ich: Ja, stimmt. Rein sprachlich betrachtet, verhält es sich so, als würden wir sagen: Da läuft ein weißer Schimmel, oder wie es Politiker gerne sagen: aus meiner tiefsten Überzeugung! Ich denke aber, es steckt noch mehr dahinter. Indem der geäußerte Gedanke betont personalisiert wird, wird er quasi privatisiert. Ich lasse andere zwar an meinen Gedanken teilhaben, bestehe jedoch nicht darauf, dass der Gehalt meines Gedankens irgendetwas Relevantes hat, das für das Gegenüber einsichtig und verbindlich ist. Dass ich dafür oder dagegen bin, soll schon reichen – als wäre das Parteiergreifen für oder gegen etwas dasselbe wie ein Argument zur Klärung eines Sachverhalts, dem man befürwortend oder ablehnend gegenüber steht.

Lua: Deshalb ist es blöd, wenn wir, wie gestern, auf unsere Meinung wie auf einen Besitzstand gepocht haben, anstatt uns über den Inhalt unserer Gedanken zu streiten. Wir nehmen uns ja nichts weg. Im Gegenteil, wenn ich es mir überlege, bekommen wir noch Gedanken dazu.

Vom Nachdenken und Widersprüchen

Ich: Ja, genau. Ihr tragt eure Standpunkte mit Argumenten vor und müsst euch dafür nicht entschuldigen, von wegen „nur meine Meinung". Das käme sonst einer Koketterie mit der Wertschätzung der eigenen Person gleich und dem Unwillen, eine noch so gut begründete Korrektur an den eigenen Auffassungen zuzulassen. Das ist die eine Seite. Die andere Seite ist, dass euer Gegenüber eure geäußerten Gedan-

ken im wahrsten Sinne des Wortes nach-denken können muss. Im Nachdenken und Nachvollziehen leuchten einem die Argumente ein oder stoßen auf Unverständnis. Dies müsste sich im Widerspruch des Gedankengangs bemerkbar machen. So ein Streit ist produktiv. Wie ihr wisst, nannten die antiken Philosophen dies Disput. Um so einen Disput führen zu können, braucht man aber *Kenntnisse* und *Wissen*. Ohne prüfbare Urteile über die Sache, also unseren Streitgegenstand, der Missfallen erregt und Schaden verursacht, trifft Kritik nicht und kann also auch nichts bewirken, um den Schaden dauerhaft aus der Welt zu schaffen.
Eine so ausgeführte Kritik fällt aber nicht nur euch schwer. In den Naturwissenschaften gibt es zwar auch kluge und dumme Köpfe. Ich meine nicht die Wissenschaftler, die aus Parteilichkeit für die Marktwirtschaft eine Denkvorschrift für sich erlassen haben. Für die muss *Erkenntnis* immer bezahlbar sein. Das könnt ihr übrigens gut an der Klimadebatte studieren, auf die wir noch zu sprechen kommen.

Lies noch was![2]

Ich meine die Klugen, die einen gedanklichen Umgang miteinander pflegen, der sie zu Allgemeingültigem führt, was die Grundlage für weitere Gedanken ist. Für diese Wissenschaftler ist es selbstverständlich, das Gravitationsgesetz von Isaac Newton nicht infrage zu stellen. Ein Apfel fällt nach unten, basta. Das könnte man auch als eine gültige Wahrheit bezeichnen. Die Frage, ob ein Apfel auch schwe-

---

[2] In dem Buch gehen die Forscher alle möglichen Szenarien der Klimapolitik durch. Dass sie ihre wissenschaftlichen Erkenntnisse in Abhängigkeit und unter der Bedingung der Bezahlbarkeit diskutieren, ist ihnen kein Widerspruch zur Wissenschaft. Vgl. Ottmar Edenhofer, Michael Jakob: Klimapolitik Ziele, Konflikte, Lösungen. München 2017.

ben könnte, stellt sich nicht mehr, denn sie ist mit der Gültigkeit des Gesetzes beantwortet, auch wenn Newton menschlich betrachtet ein Arschloch gewesen sein soll; dafür kann das Gesetz aber nichts.

Wie man gerecht Pleite macht

Ich: Apropos Heiliger Geist: Es gab eine Zeit, noch bevor die politische Ökonomie und das Wertegesetz bekannt waren, da haben die Intellektuellen darüber gestritten, was Eigentum ist. Einige glaubten, Kommunismus bedeute, alles Eigentum werde weggenommen. Die Bürgerleute hatten Angst um ihre Zahnbürsten und ihre Identität (Gelächter). Ihr lacht, aber man stritt tatsächlich darum. Sie fragten sich, ich zitiere: *„Ist denn bloß Geld und Gut ein Eigentum, oder ist jede Meinung ein Mein, ein Eigenes? Muss also jede Meinung aufgehoben oder unpersönlich gemacht werden?"*
Ja, man ging also so weit zu behaupten, da die Meinung zu einem Individuum gehöre, sei sie dessen Eigentum. Im Umkehrschluss hieß das: Nehmt ihr mir meine Meinung, nehmt ihr mir meine Individualität. Auf die Spitze getrieben wurde das so formuliert: *„Indem ihr das Eigentum, das heißt meine Existenz als Kapitalist, als Grundbesitzer, als Fabrikant aufhebt, hebt ihr meine Individualität auf. Indem ihr mir es unmöglich macht, die Arbeiter zu exploitieren, meine Profite, Zinsen oder Renten auszustreichen, macht ihr es mir unmöglich, als Individuum zu existieren."*[3]

Lua: Krass, tja, heute wissen wir das besser. Wenn heute ein Banker oder Drogerieboss pleitemacht, kommt ein Insol-

---

[3] Karl Marx; Friedrich Engels: Werke (MEW), Bd. 3, Berlin 1978, S. 209.

venzverwalter und es gibt ein ordentliches Abwicklungsverfahren.

Aaron: Ja, wenn Banker die Einlegermilliarden verzocken, kommt der Staat mit Steuergeldern als Bankenretter. Die Banker kaufen sich mit einer Mille von ihrer Schuld frei ...

Ich: ... weil dem sogenannten „bestehenden öffentlichen Strafverfolgungsinteresse ausreichend Genüge getan ist."

Vorher hat es vielleicht noch einen parlamentarischen Untersuchungsausschuss gegeben, das sogenannte „schärfste Schwert der Demokratie". Im Fall des Drogisten bekommen einige Gläubiger ihre Rechnungen noch bezahlt, einige nicht, ebenso ausstehenden Lohn. Die Leute werden entlassen, manchmal in Auffanggesellschaften zwischengelagert. Es wird akribisch geprüft, ob der Industrielle sich beim Pleitemachen etwas hat zuschulden kommen lassen, Stichwort: „Missmanagement", oder ob er „geschummelt" hat, also vor der Insolvenz Geld beiseite geschafft hat. Besteht ein begründeter Verdacht, wird staatsanwaltlich ermittelt. Wird die Schummelei bewiesen, gibt es ein öffentliches Strafverfahren. Das ist wichtig, denn damit wird der Gerechtigkeit Genüge getan. Der „kleine Mann" darf dabei sein, wenn sein ehemaliger Chef im Gericht befragt, überführt und bestraft wird. Da es sich hier nicht um einen Kleinkriminellen handelt, sondern um eine eigentlich respektable Unternehmerpersönlichkeit, ist in der Regel der Gerechtigkeit mit einer hohen Geldstrafe Genüge getan. Die entlassenen Kolleginnen und Kollegen haben zwar immer noch keinen Job oder eine Existenzsicherung, aber als Staatsbürger streiten sie noch ein bisschen darüber, ob die Strafe angemessen, also gerecht war. Wenn die Insolvenzmasse, die Produktions- und Arbeitsmittel nicht von einem anderen Drogerieunternehmen aufgekauft werden, hören sie auf, als diese zu existieren.

Lua: Und was ist jetzt mit dem vorbestraften Unternehmer?

Ich: Na ja, nach der eben zitierten These „Wenn ihr mir mein Eigentum wegnehmt, macht ihr mir es unmöglich, zu existieren" müsste er sich jetzt umbringen. Tut er aber nur in den seltensten Fällen. Meistens bekommen wir ihn etwas später dank unserer „vierten Gewalt", den Medien, auf Fotos präsentiert, die unseren Ex-Unternehmer in warmen Gefilden, in angenehmer Umgebung, manchmal an der Seite gut aussehender Frauen oder inmitten ihres Weinguts zeigen. Er scheint mit seiner momentanen Individualität recht zufrieden zu sein.

Fazit: Gerecht Pleite machen heißt, dass ein mit einer Gewinnabsicht zustande gekommenes Geschäft wegen mangelnder Gewinnaussicht eingestellt wird. Das Recht prüft, ob der Unternehmer sein Unternehmen nach den Regeln der Kunst des kapitalistischen Geschäftemachens verfolgt hat oder fahrlässig und in betrügerischer Absicht gehandelt hat. Bestehende Produktionsmittel wie Maschinen und Computer usw. sowie Lohnkosten und Arbeitsverträge hören auf, als Geschäftsmittel zu fungieren. Sie gehen ein in die Insolvenzmasse. Die Opfer, die Geschädigten, fragen sich nicht, wie sie in der unternehmerischen Kalkulation des Gewinnstrebens vorgesehen sind, sondern ob der Unternehmer das, was er macht, auch machen darf! Mit dem Standpunkt des Dürfens und der Gerechtigkeit wollen sie als Opfer anerkannt sein. Diese Anerkennung wollen ihnen die Gesellschaft und „Bild" nicht vorenthalten.

Aber nun zurück zu Savater. Ich gehe jetzt noch einmal auf die Begrifflichkeiten ein, die euch bei Savaters „Tu, was du willst" aufgestoßen waren, also

Willensfreiheit, Mut und Verantwortung.

Willensfreiheit ist Entscheidungsfreiheit

Nehmen wir einmal an, Lua ist auf seinem Heimweg von der Uni und hört plötzlich Hilfeschreie. Er geht dem Schreien nach und sieht im Fenster des zweiten Stocks eines Wohnhauses Qualm und Feuer. Was macht er jetzt? A: Er rennt in das Haus und versucht, die Hilfeschreienden zu retten. B: Er ruft die Feuerwehr. C: Er macht beides. D: Er tut gar nichts. Zu allem Unglück kommt noch hinzu, dass er vergessen hat, in der Uni sein Handy zu laden. Er steht jetzt vor einer Entscheidung: hineingehen und retten oder Hilfe zum Retten holen. Alles, was ihm durch den Kopf geht, um abzuwägen, was jetzt am vernünftigsten ist, kann weder die Spinne noch das Wildschwein. Du kannst sagen, das schaffe ich, da gehe ich hinein – vielleicht, weil du bei der Freiwilligen Feuerwehr bist. Du kannst auch Nein sagen, ich gehe da nicht hinein, ich fürchte mich davor, im Rauch zu ersticken. Ich will oder ich will nicht. So dramatisch die Umstände auch sind, du musst dich für den einen oder anderen Weg entscheiden. Du bist also frei, auf das, was passiert, auf unterschiedliche Weise zu reagieren. Du kannst waghalsig, vorsichtig oder unvernünftig reagieren. Du kannst gehorchen, tun, was man dir sagt, oder aufbegehren. Es ist dein Wille, der frei entscheidet. Im Unterschied zum Tier, das seiner Natur gehorchen muss, hast du eine Willensfreiheit. Die Freiheit, den Versuch der Rettung zu wählen, ist nicht gleichbedeutend damit, dass der Versuch von Erfolg gekrönt ist. So kommt dein Rettungsversuch vielleicht schon zu spät oder du entscheidest auf halbem Weg, dass der Versuch der Rettung im wahrsten Sinne des Wortes aussichtslos ist, und drehst um, um dein Leben nicht zu gefährden.

Es gibt Dinge, die ich willentlich bestimmen kann. Das bedeutet, frei zu sein. Es gibt aber auch Dinge, die nicht von meinem Willen abhängen. Das bedeutet nicht, dass ich unfrei bin, sondern eher die Freiheit habe, diese Schranke als eine Notwendigkeit zu erkennen. Notwendig bedeutet ja schon so etwas wie zwingend, eine Quasi-Gesetzmäßigkeit, zu der es keine Alternative gibt. Natürlich kann ich mich bei meiner Entscheidung auch einmal täuschen. Aber sich zu irren gehört zur Willensfreiheit. Sich zu irren bedeutet nicht, sich mit einer Absicht für oder gegen etwas entschieden zu haben – eine Entscheidung, die vielleicht einen Schaden hinterlässt. Die Redewendung „Irren ist menschlich" ist noch einmal ein Verweis darauf, dass man beim Nachdenken auch zu falschen Schlüssen kommen kann, die dann falsche Entscheidungen nach sich ziehen. Aber gerade weil unser Denken und Handeln, also unsere Willensentscheidungen, auch einem Irrtum unterliegen können, kommt es besonders darauf an, sich Wissen und Kenntnisse anzueignen, um fundierte Willensentscheidungen zu treffen und Irrtümer auszuschließen.

Fazit: „Für ein gutes Leben", was ja unser Gegenstand ist, wissen wir nun, dass es auf unsere Entscheidungen ankommt, was gut oder schlecht für uns ist, weil wir die Willensfreiheit und deshalb Wahlmöglichkeiten haben – wobei Wille und Freiheit eigentlich dasselbe sind. Ein Wille ohne Freiheit ist kein Wille und umgekehrt. Wir wissen auch, dass wir für unsere Entscheidungen unseren Verstand bemühen müssen und es daher darauf ankommt, einen geschulten Verstand zu haben. Das bedeutet: Will man sich für ein gutes Leben entscheiden, muss man Anstrengungen in das Nachdenken für „dieses gute Leben" investieren – Argumente parat haben, die Gegner entwaffnen. Aktionismus ohne Einsicht in die Gründe eines Sachverhalts befriedigt vielleicht das Ego, sorgt für fun, in der Sache führt er zu nichts.

Übrigens Nicole, du und deine TierschutzmitstreiterInnen unterliegen häufig einem Fehlurteil: Dass der Mensch die Voraussetzung hat, Kritik zu üben und allgemeingültige Gesetze aufzustellen, unterstellt eine Willensfreiheit und unterscheidet ihn dadurch ganz wesentlich von einem Tier.

Nicole: Wie meinst du das?

Ich: Nehmen wir als Beispiel eine Spinne und ihr Netz. Jeder von uns hat schon einmal ein Spinnennetz beseitigt, weil es sich an einem Ort befand, wo wir es nicht haben wollten. Manchmal war es am nächsten Tag wieder da, das ganze Tagwerk eines Kleintiers. Oder nehmen wir zum Beispiel eine Wildschweinbache, die ihre Jungen beschützt: Jeder, der ihnen zu nahe kommt, wird von ihr bedroht, gleichgültig, ob ein oder zehn Jäger mit geladenen Schrotflinten vor ihr stehen. Spinne und Bache tun das, was sie tun müssen. Es gibt für sie keine andere Wahl, weil Wahlfreiheit Verstand zur Voraussetzung hat. Ihr Tun folgt auch keinem moralischen Gebot, sondern einem einzigen Zweck: der Arterhaltung. Es gibt weder Gut noch Böse, weder Nützlich noch Schädlich, weil sie nicht anders können. Würdest du mir bis hier zustimmen?

Nicole: Ja schon, aber das heißt noch lange nicht, dass Tiere nicht empfinden und leiden können.

Ich: Das wurde bisher auch gar nicht bestritten, weil es nicht Gegenstand unserer Betrachtung ist, ob Tiere eine Art von Intelligenz besitzen oder Schmerzen empfinden können. Du wirst mir doch aber sicherlich zustimmen, dass Tiere sich kein Aspirin erfinden, weil sie z. B. Kopfschmerzen haben und mit der Erfindung weltweit ein Geschäft machen?

Nicole: Ja, klar.

Ich: Also es ging darum, was den vernunftbegabten, mit einem Willen ausgestatteten Menschen vom Tier *unterscheidet*, und nicht darum, was Tiere alles sind oder können bzw. nicht können. *Willensfreiheit* ist das Gegenteil vom *Arterhaltungszwang*.
Solche Gegenstandswechsel sind in Debatten regelmäßig anzutreffen, ja, sie sind als Unsitte schon zum Normalfall geworden und führen damit jeden Klärungsversuch ad absurdum. Ich versuche es noch einmal methodisch zu erklären. Wenn wir uns erklären wollen, was Äpfel sind, wollen wir die Bestimmungen von Apfel analysieren, um am Ende einen Begriff zu erhalten: Ein Apfel ist ... Als Einwand gegen die Erklärung des Begriffs Apfel zu sagen: „Aber Birnen gehören auch zu Obst", ist falsch. Zuerst, wieso *aber*? „Aber" markiert einen Gegensatz. Ich habe weder bestritten noch zugegeben, dass Birnen zur Gruppe Obst gehören, weil ich Obst überhaupt **nicht** zum Gegenstand habe. Mein Gegenstand heißt Apfel und meine Frage lautet: Was ist ein Apfel? Obst ist eine neue Kategorie, die im Übrigen nur möglich wurde, weil ich mir zuvor die Frage gestellt und beantwortet habe: Was ist eine Birne?
Wie würde die Debatte verlaufen, wenn ich mich auf Nicoles Gegenstandswechsel eingelassen hätte?

Aaron: Man würde wahrscheinlich darüber streiten, ob das Schmerzempfinden bei Menschen intensiver zu bewerten ist als bei Tieren oder nicht.

Ich: So oder ähnlich. Vielleicht sollten wir bei unserem nächsten Treffen einen kleinen Exkurs zur Scheinargumentation machen. Was haltet ihr davon, wenn wir uns noch einmal vergegenwärtigen, was eigentlich einen Begründungszusammenhang mit Argumenten ausmacht?

Exkurs: Widerspruchsfrei denken – wie geht das?

Während unserer Diskussion sind wir immer wieder einmal an den Punkt gelangt, dass es zwischen dem, was wir sagen wollten, und dem, was wir gesagt haben, eine Diskrepanz gab. Dabei ist uns aufgefallen, dass kleine Wortunterschiede zu unterschiedlichen Aussagen führen. Im Kontext des Zuhörens können wir oft Ungereimtheiten filtern und korrigieren bzw. nachfragen. Es kommt uns letztendlich auf die Aussage an. Bei geschriebenen Beiträgen oder Zitaten müssen wir uns an das halten, was Schwarz auf Weiß vor uns liegt. Dabei kommt es auf den Zusammenhang an und häufig fühlt sich jemand missverstanden, weil sein Argument angeblich aus dem Zusammenhang gerissen wurde.
Es wurde die Fragen gestellt: Was bedeutet widerspruchsfrei?

Sprache ist für uns ein Mittel, um unsere Gedanken zu äußern. Und einer eurer Gedanken hieß: Wie kann ein gutes Leben funktionieren? Wir haben uns eine Frage gestellt, die wir uns beantworten wollen. Dafür müssen wir uns darauf verständigen, was ein gutes Leben ausmacht, um dann zu prüfen, ob die „Mittel" für ein solches Leben überhaupt existieren, ob sie gegeben sind und ausreichen, ob es Zwecke gibt, die ein gutes Leben nicht wollen und vielleicht das Gegenteil für erstrebenswert halten. Wir müssen also prüfen, ob Zweck und Mittel oder Mittel und Zweck zueinander passen. Mit einem Hammer kann ich viele Tätigkeiten verrichten, zum Beispiel eine Scheibe einschlagen, wenn ich das Fenster als Notausgang brauche. Der Hammer wird mir aber nichts nützen, wenn ich zwei Hölzer verbinden möchte und keinen Nagel habe. Um Begründungen und Behauptungen für ein gutes Leben zu prüfen, müssen wir sie gedanklich nachvollziehen – eigentlich nichts anderes, als die Gedanken anderer nachzudenken, als wären es unsere eigenen. Um die Gedanken eines anderen zu verstehen, müssen wir sie uns zu eigen machen. Haben wir das gemacht, vergleichen wir zwischen unserem eigenen Ursprungsgedanken und dem fremden, uns zu eigen gemachten Gedanken. Wir entdecken dann eine Übereinstimmung oder eine Abweichung. Um zu erkennen, ob Gedanken, die zu ganzen Gedankengebäuden werden können, am Ende noch zu ihrem Anfangsgedanken passen, haben wir Hilfswörter, die uns anzeigen, ob der Ausgangspunkt unserer Gedanken mit dem Ende unserer Gedanken noch in einem nachvollziehbaren Begründungszusammenhang steht.

Wenn wir uns Gedanken machen und unsere Überlegungen äußern, tun wir das nicht planlos. Wir stellen beispielsweise eine Behauptung auf, wir begründen unsere Behauptung und ziehen daraus unser Folgerungen bzw. Schlüsse. Logik kann uns dabei helfen Widersprüche in einem Gedankengang aufzuspüren und Kritik daran zu üben.[4]

Wir machen uns einen Begriff

Kategorie: Substanz (Gehalt), Quantität (Menge), Qualität (Beschaffenheit), Relation (Beziehung/Verhältnismäßigkeit)

Wir urteilen

Zum Beispiel: Diese Nelke ist gelb (Behauptung). Diese Nelke *blüht* (Ist-Zustand). Diese Nelke *muss* heute aufblühen (Notwendigkeit). Diese Nelke *kann* heute aufblühen (Möglichkeit).

---

[4] Aristoteles in: Hans Joachim Störig: Kleine Weltgeschichte der Philosophie 1. Frankfurt 1973, S. 197–198.

Wir ziehen einen Schluss

„Eine Rede, in der aus gewissen Voraussetzungen etwas Neues hervorgeht."
Der Schluss ist die Ableitung eines neuen Urteils aus anderen Urteilen. Er besteht also immer aus den Voraussetzungen (Prämissen) und den aus diesen gezogenen Schlussfolgerungen (Konklusionen).
Beispiel:
Erste Prämisse oder „Obersatz": „Alle Menschen haben ein Gehirn."
Zweite Prämisse oder „Untersatz": „Alle Deutschen sind Menschen."
Konklusion oder „Schlussfolgerung": „Alle Deutschen haben ein Gehirn." Ob und wie das Gehirn genutzt wird, ist damit allerdings nicht ausgesagt.

Beweis

Schlüsse werden zu Beweisen verknüpft. Ein Beweis ist die logisch zwingende Herleitung eines Satzes aus anderen Sätzen vermittels fortlaufender Schlüsse.
Der Satz vom Widerspruch: „Etwas, das ist, kann nicht gleichzeitig und in derselben Hinsicht nicht sein." Sätze, aus denen wir Beweise herleiten, müssten ihrerseits aber bewiesen sein. Wenn nicht, käme man zu Sätzen allgemeinsten Charakters, die nicht weiter bewiesen werden könnten.

Nicole: Können wir einmal so eine Scheinargumentation mit Schlussfolgerung an einem aktuellen Beispiel untersuchen?

Ich: Das machen wir eigentlich schon die ganze Zeit, aber wir können es noch einmal methodisch am Beispiel des Sachverstands einer Wirtschaftskorrespondentin der *taz* durchgehen. In einem Artikel mit der Überschrift „Das Wachstums-Paradox" schreibt sie:

> *„Die Politik kann nicht sinnvoll handeln, solange belastbare Transformationsmodelle fehlen. Also schreiten Wachstum und Umweltzerstörung unvermindert voran."*[5]

Nicole: Mit dem „Solange" im Zitat ist eigentlich ein Weil gemeint, das als Begründung den Grund für das mangelnde sinnvolle Handeln der Politik abgibt. Das „Also" soll den Beweis aus den vorangegangenen Behauptungen markieren.

Ich: Was wird denn alles behauptet? Zum Beispiel in der ersten Hälfte: „Die Politik kann nicht sinnvoll handeln."?

Aaron: „Die Politik" erscheint wie ein eigenständiges Subjekt. Es wird gar nicht mehr unterschieden, ob DIE LINKE, die GRÜNEN, die CDU oder die AfD handeln wollen. Alle Parteiunterschiede werden in „Die Politik" aufgelöst.

Ich: Wenn die Unterschiede, für die die Parteien stehen bzw. stehen wollen, an dieser Stelle nicht für erwähnenswert gehalten werden, was bleibt dann als Allgemeines noch übrig?

Lua: Dass die Politik zuständig ist.

Ich: Und wofür ist sie zuständig?

Lua: Sinnvoll zu handeln.

Ich: Die, die zuständig sind, haben die Aufgabe, sinnvoll zu handeln – sinnvoll im Sinne von vernünftig. Und das kann die Politik nicht …

---

[5] taz: „Das Wachstums-Paradox", 23.11.2019.

Aaron: ... weil sie kein belastbares Transmissionsmodell hat.

Ich: Heißt, die Politik handelt jetzt nicht sinnvoll, sondern unvernünftig. So das Urteil der Redakteurin. Ihr könnt euch sicher sein, dass „die Politik", die Entscheidungen herbeiführt, sie für sinnvoll erachtet und ein Haufen Professoren und Sachverständige an der Entscheidungsfindung beteiligt waren. Die *taz*-Autorin aber möchte die jetzigen Entscheidungen der Politik entschuldigen, als Sachzwang darstellen, weil sie der Politik per se, als ihre Aufgabe, unterstellt, falsches Wachstum und Umweltzerstörung verhindern zu wollen. Die Politik konnte ja nur verkehrt handeln, weil ihnen der Transmissionsriemen fehlte, den unsere Autorin als Missing Link entdeckt hat. So kreiert man sich einen Gegenstand, lässt seine Protagonisten, in unserem Fall die Politik, daran scheitern und liefert dann, als der Sachverstand Wirtschaftskorrespondent, die Erklärung für das Scheitern. Unterstellt ist bei der Autorin, dass sie eigentlich eine gute Meinung von ihrer Herrschaft hat und um das nationale Wohl besorgt und bemüht ist. Wie so ein nationales WIR zustande kommt, klären wir bei der Thematik „Wir – eine gewaltige Abstraktion".

Ich würde noch ein weiteres Zitat als Beispiel anführen. Ein völlig anderer Sachverstand: „Die meisten Deutschen hatten geglaubt, für die gute Sache des eigenen Landes zu kämpfen und zu leiden. Und nun sollte sich herausstellen: Das alles war nicht nur vergeblich und sinnlos, sondern es hatte den unmenschlichen Zielen einer verbrecherischen Führung gedient."
Dieses Zitat stammt vom ehemaligen Bundespräsidenten Richard von Weizsäcker anlässlich seiner Rede zum 40. Jahrestag des Kriegsendes in Europa am 8. Mai 1985.

Wie würdet ihr dieses Zitat bewerten?

Nicole: „Gute Sache" klingt für mich so, als ob ich irrtümlich auf ein gefaktes Spendenkonto Geld überwiesen hätte, und das auch noch kollektiv, nämlich als deutsches Volk.

Lua: Und nun stellt sich durch das BKA heraus, dass ich nicht für einen guten Zweck gespendet habe, sondern verarscht worden bin.

Aaron: Apropos guter Zweck: Soweit ich weiß, hat der Führer der Deutschen sein Volk laut und deutlich gefragt: „Wollt ihr den totalen Krieg?", und die Antwort des damaligen deutschen Volkes war laut und deutlich: „Ja!" Die Ausnahme bestätigt auch hier die Regel.

Laura: Mit dem *„das alles* war nicht nur vergeblich und sinnlos" ist der gewollte totale Krieg gemeint gewesen. Und was Weizsäcker „vergeblich" nennt, heißt doch: erfolglos. Die Nazis haben den Krieg verloren.

Lua: Mit dem „nun sollte sich herausstellen" tut Weizsäcker so, als ob es ein besonders schwer einzusehendes Schicksal der Nazideutschen gewesen sei, sich das Mitmachen und die Niederlage einzugestehen.

Nicole: Mit dem „sondern" trennt er Volk und Führung voneinander und stellt sie in einen Gegensatz zueinander. Weizsäcker muss das Volk ja für ziemlich blöde gehalten haben, wenn das Volk sich den zugestimmten totalen Krieg als menschliches Ziel gedacht hat.

Ich: Weizsäcker wollte darauf hinaus, Volk und Führer voneinander zu trennen: auf der einen Seite das eigentlich gute deutsche Volk, das aber leider die Schwäche hatte, sich zur „guten Sache" und Opferbereitschaft verführen zu lassen, und auf der anderen Seite der böse Führer Hitler. Seine Effizienz bei Kriegsführung und Töten verdankte der Führer laut Weizsäcker also nicht einem professionellen Staatsapparat, einem geschulten und agitierten, begeisterten Volk, sondern einem verführten Volk, einem Volk von Ahnungslosen, nicht mitdenkenden Mitmach-Idioten. Verführt wird auch gern durch manipuliert ersetzt. Kennt ihr ja, Dauerwerbung zwingt mich, Raucher zu werden. Und mit so einem dümmlichen Volk als Werkzeug hätte Hitler dann die Weltherrschaft ausgestalten wollen?

Lua: Klingt nach heutigem Verständnis wie der Versuch eines Historical Cleanwashing.

Ich: Die Trennung in verführtes Volk und bösen Führer lief unter „Vergangenheitsbewältigung" und „Geschichtsaufarbeitung". Als diese sind sie Bestandteil der Geschichtsbücher, die euch aus eurer Schulzeit bekannt sein dürften. Die Weizsäcker-Rede hält noch mehr von der Reinwaschung bereit und ist deshalb für jeden Antifa-ler Pflichtlektüre.[6]

---

[6] Hier noch zwei weitere Zitate aus der Weizsäcker-Rede von 1985: *„Am Anfang der Gewaltherrschaft hatte der abgrundtiefe Hass Hitlers gegen unsere jüdischen Mitmenschen gestanden. Hitler hatte ihn nie vor der Öffentlichkeit verschwiegen, sondern das ganze Volk zum Werkzeug seines Hasses gemacht."*
„Die Ausführungen des Verbrechens lagen in der Hand Weniger. Vor den Augen der Öffentlichkeit wurde es abgeschirmt."

Die zwei Beispiele sollten zeigen, wie parteilich staatsbürgerliches Denken geht.
Ich gebe euch noch ein Zitat mit auf den Weg, über das ihr euch schon einmal Gedanken machen könnt. Wenn wir über Volksgesundheit sprechen, werden wir versuchen, es aufzulösen. Das Zitat habe ich dem Artikel *Gesundheit global ist machbar – vier Vorschläge zur Genesung der Welt* entnommen:
„Die Ordnung der globalen Gesundheit ist gelinde gesagt reparaturbedürftig. Sie ist von einer unguten Mischung aus nationalen Egoismen, bestürzenden Akten der Selbstentmachtung von Staaten gegenüber privatwirtschaftlichen Partikularinteressen und von häufig neokolonialen Verhältnissen in Nord-Süd-Kooperationen geprägt."[7]

Es gibt auch noch Pseudoerklärungen, bei denen die Begründung in nichts anderem als in der Wiederholung des zu Begründenden besteht, verbunden mit einem Pseudo-*Weil*. Hier kann man von einer Begründung als die Sache erklärend nicht sprechen. Deshalb heißt es Tautologie. Zwei Beispiele: „Gleichberechtigung ist gut, *weil* dann Frauen und Männer gleiche Rechte haben."

Wer sich mit der Argumentation Hitlers auseinandersetzen möchte, mit der er das deutsche Volk verführt hat, dem sei die im Auftrag des Instituts für Zeitgeschichte erschienene kritische Kommentierung von *Mein Kampf* (2016) zu empfehlen. Wer sich für eine dezidiert kritische linke Faschismuskritik interessiert, dem sei das Buch von Konrad Hecker *Der Faschismus und seine demokratische Bewältigung* (1996) empfohlen.

[7] Der Artikel von Tine Hanrieder, der Leiterin der Forschungsgruppe „Globale humanitäre Medizin" am Wissenschaftszentrum Berlin für Sozialforschung (WZB), erschien in der Sonderbeilage der taz; Was geht nach Corona, vom 30. April 2020.

Oder ohne weil: „Die Besonderheit jeder Kunst beruht immer darauf, dass sie ein besonderes Vermögen hat." Hier ist *die Besonderheit* durch *besonderes Vermögen* ersetzt worden.[8] Im Laufe unserer Diskussionen haben wir schon das eine oder andere Argument mithilfe logischer Hilfsverben daraufhin geprüft, ob unsere vorgebrachten Argumente als Argumente für eine gutes Leben taugen oder nur sich widersprechende Behauptungen sind.

Ihr könnt euch ja einmal den Luxus erlauben, eine Woche lang TV-Talk Shows auf ihren Aussagegehalt hin zu überprüfen. Im Übrigen gibt es auch Menschen, die sich entschieden haben, sich jeglicher rationaler Argumentation zu entziehen. Sie ersetzen dann das Argument durch ihr „Bauchgefühl", das über jegliche Kritik erhaben ist. Beliebt ist auch, wenn kein „Weil" mehr für eine Begründung zur Verfügung steht, ein „tief im Inneren verborgenes Unterbewusstsein" als Instanz und Ersatzargument hervorzuziehen. Mit der Frage, woher sie, die mit dem Unterbewusstsein argumentieren, denn *wissen*, dass sich das Unterbewusstsein jetzt zu Wort melden will, sind sie zumeist heillos überfordert.

Kommen wir zu weiteren Begriffen, die sowohl Savater als auch ihr bei der Vorstellung eures Engagements verwendet habt.

Mut und Verstand

Mut ist auch so ein Begriff, der uns ständig über den Weg läuft. Der Philosoph, ihr kennt ihn, Immanuel Kant hat einmal gesagt: „Habe den Mut, dich deines eigenen Verstandes

---

[8] Platon, Der Staat, 1. Buch C, 3450 bis 3465. München 1991.

zu bedienen." Er meinte, die Menschen würden häufig ihren Verstand nicht benutzen, weil sie ängstlich und faul sind. Als er das sagte, war einigen Menschen klargeworden, dass nicht eine Allmacht unser Leben bestimmt, sondern der Mensch selbst mit seinem Verstand. Eigentlich eine gute Erkenntnis, dass nicht der liebe Gott den Apfel fallen lässt, sondern die Gravitation, dass Naturkatastrophen, Seuchen und Klimawandel kein Schicksal sind, das man erleiden muss, sondern Ursache und Wirkung haben. Es scheint Kant geärgert zu haben, dass, obwohl es diese bahnbrechende Erkenntnis gab, die Menschen nichts daraus gemacht haben – jedenfalls nicht das, was er sich gewünscht hätte.

Schauen wir uns Kants Diagnose noch einmal an. Kant fordert auf, den *eigenen* Verstand zu benutzen. Wir könnten polemisch fragen, welchen denn sonst? Jedes Individuum hat seinen eigenen Verstand und kann auch nur diesen benutzen. Ihr erinnert euch daran, dass wir von der eigenen Meinung gesprochen haben, die immer persönlich ist. Dass wir mit Willen und Verstand ausgestattet sind, sagt noch nichts über ihren Gebrauch aus. Ein Fronbauer beispielsweise konnte sagen: „Eigentlich habe ich ein gutes Leben, wenn nur alles seine gerechte Ordnung hat." Er konnte sagen: „Ständig lebe ich in Sorge um meine Existenz und bin den Launen meines Herrn ausgesetzt. Ich hau ab und versuch mein Glück in der Stadt." Oder er konnte sagen: „Ich arbeite von früh bis spät, bin immer in Sorge um mein Leben, während der Herr sich bei mir bedient. Das lasse ich mir nicht mehr gefallen."

Kant hat gemeint, weil die Menschen einen Verstand haben, müssten sie mehr aus sich machen. Und da er das im Praktischen nicht erkennen konnte, hat er nach Gründen gesucht. Wenn die Menschen aber nicht so handeln, wie sie Kants Auffassung nach könnten und *müssten*, dann müssen

sie so etwas wie *manipuliert* sein. Sie plappern also nur nach, was ihnen vorgedacht wurde. Weil das Vorgedachte nicht zu ihrem Vorteil ist, konnte Kant sich nicht vorstellen, dass ihnen an dem Vorgedachten etwas einleuchtete, für das sie sich immerhin willentlich entschieden hatten. Auf der Suche nach den Gründen für das Fehlen des richtigen Verstandesgebrauchs ist er auf mangelnden Mut, Angst und Faulheit gestoßen. Sein Ärger war so groß und sein Idealismus so unerschütterlich, dass er die Abweichung von seiner Idealvorstellung in den Charakter der Menschen verlegte. Es kam ihm nicht so sehr darauf an, was die Leute dachten und warum sie zu ihrer Obrigkeit hielten. Mutig sein bedeutet, sich zu trauen. Sich zu trauen bedeutet aber immer auch, Bedenken oder Vorbehalte zu haben. Und ohne konkreten Inhalt gibt es keine Bedenken beziehungsweise Befürchtungen. Angst vor etwas zu haben ist keine Krankheit, sondern eine natürliche Schutzreaktion. Unser Verstand gebietet uns: Achtung, aufpassen, Gefahr! Es ist daher ein ziemlich matter Einwand, zu jemandem, der Angst hat, zu sagen, er brauche keine Angst zu haben.
Genauso matt, besser verkehrt, ist es allerdings auch, Politikern Angst anzudichten, wenn sie nicht zu euren Erkenntnissen kommen und dementsprechend handeln.
Laura: Insofern ist es auch ziemlich dämlich, Mutproben als etwas Heroisches darzustellen, oder Kindern, die sich aus Neugier und Spieltrieb trauen, etwas auszuprobieren, zu loben und Mut zu bescheinigen.

Ich: Da geht es meistens darum, dass Eltern im spielerischen Tun ihrer Kinder schon den Keim eines gelungen Leistungswillens für die spätere Behauptung in der Leistungsgesellschaft entdecken.

Aber achtet einmal darauf. Seit Kant vergeht kein Tag, an dem nicht ein Politiker seine vermeintlichen Staatsnotwendigkeiten mit der Aufforderung an uns, „mehr Mut zu haben" oder „wir können uns ein Stück Mut leisten", „wir gehen einen mutigen Weg" herausposaunt, der Forderung an uns zu einem persönlichen Bekenntnis zum Mitmachen, trotz Widrigkeiten und zu bringender Opfer. Im Ergebnis sind es dann meistens neue Zumutungen, die im Aufforderungscharakter daherkommen und ohne Wenn und Aber einer Zustimmung bedürfen. Das Sachargument wird ersetzt durch das moralische Urteil: Was bist du denn für einer, du traust dich wohl nicht, ins Risiko zu gehen!

Fazit: Wer Mut einfordert, will Bedenken und Einwände argumentlos zurückweisen, um Zustimmung zu fordern. Mangelnde Zustimmung wird mit mangelndem Mut begründet. Ist mangelnder Mut erst einmal diagnostiziert, ist der Vorwurf der Bedenkenträgerei, der Verhinderung und Feigheit nicht weit. Und Vorsicht, der, der Mut fordert, weiß um die Risiken, er ist bereit, dich in die Scheiße zu reiten![9]

Faulheit

Ein weiterer Klärungsversuch Kants für den Nichtgebrauch des Verstandes ist Faulheit. Obwohl die Menschen ihren Verstand für ein selbstbestimmtes Leben gebrauchen müssten, tun sie es nicht. Er unterstellt ihnen daher einen mangelnden Willen. Er tadelt sie dafür, ihrer Bestimmung

---

[9] *„Sicherlich ist die Energiewende nicht zum Nulltarif zu haben. Deswegen kommt es auf die richtigen Instrumente an. Wenn* **wir keinen Mut** *zu mehr Marktwirtschaft haben, werden wir die Klimaziele nicht ohne erhebliche Kostensteigerungen erreichen"* (Carsten Linnemann, zit. n. Jan Sternberg in: taz, 20.04.2019).

zum richtigen Gebrauch des Verstandes nicht nachzukommen, weil sie keine Lust dazu haben, eben faul sind. Das kennt ihr alle von euch selbst, wenn ihr keine Lust habt, euch rechtzeitig an die Hausarbeit oder das Referat zu setzen und ihr deshalb erst zum letzten Abgabetermin fertig werdet. Kant wollte nicht akzeptieren, dass Nichts*tun*, also Faulsein, eine willentliche Entscheidung ist – die Entscheidung, dass ein Etwas-für-sich-tun-Wollen mit einer Anstrengung verbunden ist, die man im Moment nicht bereit ist, auf sich zu nehmen oder, wie im Fall der Hausarbeit, erst zu einem späteren Zeitpunkt.

Fazit: Wir können also festhalten, dass man immer nur seinen eigenen Verstand benutzen kann. Das, was einem eingeleuchtet hat, ist immer Ausdruck der eigenen Verstandesleistung, ob das nun gut oder schlecht, richtig oder falsch ist. Um es mit den Worten von Heraklit zu sagen: „Gemeinsam ist allen das Denken. Vielwisserei lehrt nicht, Verstand zu haben." Mit dem Vorwurf des mangelnden Willens zur Einsicht kann ich niemanden überzeugen und Einsicht schon gleich gar nicht herstellen. Wie auch, wenn es gar nicht mehr um einen konkreten Inhalt geht.

Verantwortung I

Kommen wir nun zu dem auch von Savater thematisierten Begriff der Verantwortung. Neben dem Aufruf zum Mut wird der Ruf nach Verantwortung mindestens genauso häufig bemüht. Beispiel: Ein Innenminister sagt, er übernehme die volle Verantwortung für die Übergriffe der Polizei auf unbeteiligte Passanten und friedliche Demonstranten bei der G20-Demonstration. Mit der Betonung auf „volle Verantwortung" könnte man meinen, er übernehme die hundertprozentige Verantwortung für den zugefügten und erlittenen Schaden, der durch das Fehlverhalten der Polizisten verursacht wurde. Nur, wie sollte das gehen? Wie kann man die als Demonstrant gemachten negativen Erfahrungen, ein Trauma, wieder rückgängig machen? Kann man das Erlebte, von einem nationalistisch aufgehetzten Polizisten niedergeschlagen oder an den Haaren gezogen worden zu sein, ungeschehen machen, quasi wieder zurückspulen? Nein, diese Erfahrung bleibt, das heißt, sie ist Bestandteil meines Bewusstseins, ob ich will oder nicht. Ich kann sie beurteilen, aber nicht löschen, bestenfalls vergessen. Es ist demnach gar nicht möglich, dass ein Politiker Verantwortung für den von mir erlittenen Schaden übernimmt, um ihn ungeschehen zu machen. Wenn volle Verantwortung aber nicht heißt, dass mein erlittener Schaden wieder rückgängig gemacht wird, wofür will er dann Verantwortung übernehmen? Was ist dann der Inhalt der Verantwortung?

Lua: Er will politische Verantwortung übernehmen und tritt als Innenminister zurück. Das ist das Mindeste.

Ich: Vorsicht mit „das ist das Mindeste"! Das klingt wie unterstes Strafmaß. Damit begibst du dich auf die Ebene der *Rechtsprechung*. Wir wollen hier aber kein Recht sprechen, nicht eine Schuldfrage klären, sondern erklären, was es mit der übernommenen Verantwortung eines Politikers auf sich hat.

Also, als Innenminister zurückzutreten heißt dann wohl in seiner politischen *Amts*funktion. Er tritt vom Amt zurück. Das würde aber doch bedeuten, dass der Schaden gar nicht den unbeteiligten Passanten und friedlichen Demonstranten entstanden ist, sondern dem Amt! Sein Ansehen ist beschädigt worden. Was ist von einem Amt zu halten, dessen Ansehen höher wiegt als das Ansehen meiner Person mit dem erlittenen Schaden?

Aaron: Das Amt verkörpert das staatliche Interesse zur Organisation und Aufrechterhaltung der öffentlichen Ordnung und Sicherheit und nicht mein individuelles Wohlbefinden.

Nicole: Zudem gibt es auch den Fall, dass jemand gar nicht Verantwortung übernehmen will, sondern Verantwortung übernehmen *muss*, wenn er zum Beispiel aufgefordert wird, wegen des Ansehens seines Amtes zurückzutreten, wie in Thüringen, weil er sich mit den Stimmen der AfD hat wählen lassen.

Ich: Das geschieht mit dem Zusatz, das Amt sei beschädigt worden, es gelte, Vertrauen zurückzugewinnen, Vertrauen in die Demokratie und den Rechtsstaat. Meistens empfiehlt derjenige, der den Rücktritt fordert, sich oder ein Mitglied seiner Partei für die Amtsausübung oder es wird jemand aus dem Amt zur Verantwortung gezogen, um der Gerechtigkeit Genüge zu tun. Politische Figuren werden ausgetauscht, häufig die, die zuvor Mut eingefordert haben. Um bei unserem Beispiel zu bleiben, ändert sich aus der Sicht des Geschädigten gesehen nichts: Weder wird die Polizei, beispielsweise bei Demonstrationen, entwaffnet noch sein Schaden rückgängig gemacht. Wie sollte man auch erlittene Prügel durch den Rücktritt eines Politikers wiedergutmachen können?

Exkurs: Häusliche Gewalt

Laura: Ich möchte hier mal anmerken, dass nicht nur Polizisten, Anarchos, Nazis und Hooligans prügeln. Geschlagen zu werden findet auch da statt, wo keine Öffentlichkeit ist, keiner zusieht, ganz privat, zu Hause.

Ich: Woran denkst du da?

Laura: Ich denke an sexuelle Übergriffe, Anmachen und sogenannte „häusliche Gewalt".

Ich: Das ist ein anderes Thema. Wir reden von staatlicher Gewalt und wie der Staat *sich* bei der Gewaltausübung beurteilt.

Nicole: Was soll bei der sogenannten häuslichen Gewalt anders sein? Sie fügt mir Leid zu. Wenn ich beispielsweise keinen Sex will, will ich keinen, basta. Das hat jede oder jeder zu respektieren und rechtfertigt kein bisschen Gewalt. Außer von mir. So ein Typ kriegt einen Tritt in die Eier.

Laura: Das sehe ich genauso. Darüber hinaus hat die #Metoo-Aktion ja entlarvt, dass jede neunte Frau sexuelle Anmache und Rassismus am Arbeitsplatz erleiden muss. Das sind nicht nur subtile Prügel. Das ist Gewalt!

Ich: Eure Standpunkte kann ich verstehen. Trotzdem sind staatlich und privat ausgeübte Gewalt zwei verschiedene „Gewalten". Der Verdacht liegt nahe, dass zwischen der einen und der anderen Gewalt ein Zusammenhang besteht. Vielleicht folgende aufmerkende Fragestellung: Wenn wohlgemerkt jede vierte Frau in Deutschland häusliche oder sexuelle Gewalt erleidet, wohlbemerkt jede vierte, in was für einer „zivilisierten Gesellschaft" leben wir dann hier? Müsste man, polemisch gesagt, dann zivilisierte Gesellschaft nicht neu definieren? Bedeutet das nicht, dass diese Übergriffigkeit oder, wie Nicole es nennt, Respektlosigkeit System hat, also notwendigerweise zu „unserer Lebensart" dazugehört? Was ich damit sagen will ist, dass man diesen jährlich veröffentlichten Zahlen entnehmen kann, dass es nicht um Einzelfälle, Ausnahmen geht, dass individuelles Fehlverhalten als Begründung daher nicht ausreicht.

Laura: Dazu passt, das während des Corona-Lockdowns eine der ersten Sorgen der Zunahme der häuslichen Gewalt galt.

Lua: Ja, schon bemerkenswert, kaum haben die Leute mehr Zeit füreinander, schlagen sie gegenseitig auf sich ein.

Ich: Die Frage müsste in diesem Fall lauten: *Wie* ist die sogenannte beste aller Gesellschaften, die Demokratie beschaffen, wenn darin Männer in schönster *Regelmäßigkeit* ihre Frauen prügeln oder am Arbeitsplatz Kolleginnen sexuell belästigen? Durchaus auch umgekehrt. Was definiert diese *Regel,* diese *regelmäßige*?
Warum schreitet die Verrohung der Gesellschaft, deren einer Ausdruck das Schlagen ist, mit der Teilung der Arbeit voran?
Warum sollte das *geschulte* und gewollte Konkurrenzgebaren, das den Alltag bestimmt, vor der Wohnungs- oder Schlafzimmertür haltmachen?
Einige Argumente und Erklärungen werden uns bestimmt im Laufe unserer Diskussion noch unterkommen, zumal wenn wir darüber sprechen, für was alles ein bedingungsloses Grundeinkommen entschädigen soll.

Verantwortung II

Noch einmal zur Verantwortlichkeit. Bei uns gilt der Grundsatz: Jeder Erwachsene ist für sein Handeln selbst verantwortlich. Schauen wir uns diesen Grundsatz, dieses gesellschaftliche Selbstverständnis einmal an. Mit der Bestimmung „jeder" ist jeder Einzelne, das heißt, jedes Individuum benannt. Eine Einschränkung wird genannt: Das Individuum muss erwachsen sein. Eigentlich müssten wir jetzt fragen: Was bedeutet Erwachsensein? Wir lassen diese Frage einmal außen vor, behalten aber im Kopf, dass es um Strafmündigkeit geht. Jetzt würde unser Selbstverständnis heißen: Jeder ist für sein Handeln selbst verantwortlich. „Jeder" heißt: jeder Einzelne, jedes Individuum oder jeder Mensch. Das hieße demnach: Jeder Mensch ist für sich selbst verantwortlich. Ist das bis hierher noch einsichtig? Kein anderer kann für das, was ich will, die Verantwortung übernehmen.

Aaron: Ja, das ist einleuchtend.

Lua: Finde ich auch. Will ich auch gar nicht.

Ich: Warum steht jetzt nach „Der Mensch ist für sich verantwortlich" noch ein „selbst"? „Jeder ist für sich verantwortlich" würde das doch schon ausdrücken. Mit „ist verantwortlich" habe ich doch schon die Zuständigkeit definiert: Der Mensch ist verantwortlich, kein Tier und kein Gott. Der Mensch ist es, ob er will oder nicht. Kein anderes Individuum ist zuständig. Mit „ist" habe ich eine Notwendigkeit definiert. Notwendig besagt, dass danach nichts mehr kommt. Notwendig ist wie ein Naturgesetz, das wirkt.

Nicole: Grammatikalisch ergibt das so keinen Sinn. In „jedes Individuum" steckt ja das „Ich" schon drin. Ich bin doch immer ich selbst und kein anderer.

Ich: Dann heißt unser Grundsatz jetzt: Ich bin für mein Tun verantwortlich.

Lua: Das klingt jetzt aber ein bisschen banal. Das lernt man ja schon im Kindergarten.

Ich: Ja, schon, aber was hat es jetzt mit der Verantwortung auf sich?

Nicole: Verantwortung heißt für mich, dass ich die Konsequenzen meines Handelns tragen muss.

Lua: Genau. Ich bin durch mein Handeln Verursacher eines Resultats, und mit diesem Resultat muss ich leben. Es ist Teil meines Lebens.

Ich: Soll heißen: Wenn ich mich für etwas entscheide, kannst nicht du die Verantwortung dafür übernehmen, aber durchaus die Konsequenzen spüren. Kannst du uns einmal ein Beispiel nennen?

Lua: Wenn ich mir aus einer Laune heraus ein Tattoo stechen lasse oder die Haare rot oder grün färbe, dann muss ich auch mit dem Resultat klarkommen, wenn meine Laune verflogen ist.

Laura (lacht): Ich glaube, Grün würde dir gut stehen.

Ich: Das Haarefärben ist ein gutes Beispiel. In deinem Beispiel entscheidest du dich aus einer Laune heraus, deine Haare zu färben. Das Ergebnis oder die Wirkung des Färbemittels ist, dass du nun grüne Haare hast. Das Resultat ist nicht unendlich. Nach einer gewissen Zeit sind neue Haare nachgewachsen und du schneidest das Grün ab, es sei denn, du rasierst dir vorher eine Glatze. Und wenn du nicht gerade ein Vorstellungsgespräch bei der Sparkasse absolvieren musst, kannst du mit den vorübergehenden Konsequenzen gut leben. Also, du hast die gefärbten Haare gewollt, du hast dich dazu entschieden und die damit verbundenen Konsequenzen, man könnte auch sagen Wirkungen, in Kauf genommen. In Kauf genommen meint, das Für und Wider des Resultats abgewogen zu haben. „Aus einer Laune heraus" kann im Übrigen auch bedeuten, sich entschieden zu haben, über die Konsequenzen seines Handelns nicht nachdenken zu wollen, sich über mögliche Bedenken hinwegzusetzen.

Wenn du dich also entschieden hast und dir die Wirkungen oder Resultate deiner Entscheidung bewusst sind, ergibt es doch keinen Sinn, dich noch *neben* deiner Entscheidung für verantwortlich zu halten. Dich für das, was du getan hast, noch einmal für zuständig zu erklären. Ich verpflichte mich, das zu tun, was ich sowieso will!

Es gibt aber auch „Verantwortlichkeiten", die man zugeschrieben bekommt, aber gar nicht im positiven Interesse ausfüllen kann, zum Beispiel eine Schwangerschaft auszutragen mit der Entscheidung, das Kind unbedingt auch ohne Vater haben zu wollen und die Verantwortung für das Aufziehen des Kindes als Alleinerziehende zu übernehmen. Ich habe übrigens noch keine Mutter kennengelernt, die mir diese Verantwortung erklären konnte. Eine 24 Stunden mal 365 Tage mal 18 Jahre alleinige Zuständigkeit für einen Menschen! Ein Start-up mit einem Fünf-Jahres-Plan ist das nicht. Angesichts dieser gewollten Selbstverpflichtung habe ich eine alleinige Zuständigkeit, obwohl die Bedingungen zur Erfüllung meiner Zuständigkeit als Mutter nicht in meiner Hand liegen, bei einem Elternpaar übrigens auch nur bedingt. Mit der selbstgewählten Verantwortung ist es sehr zweischneidig. Außer meiner guten Absicht muss mir alles, was ich zur „Aufzucht" brauche, zugestanden werden. Das betrifft sowohl alle materiellen Mittel als auch alle pädagogischen Ideale, die außerhalb meiner eignen vier Wände gelten sollen. Ein Scheitern bei der Ausübung der Verantwortung zur „Kindesaufzucht" ist daher naheliegend, ebenso ein schlechtes Gewissen, weil man Verantwortung für das Kindeswohl tragen will und dem Wohl überwiegend nicht gerecht wird, seinem selbstgesetzten, verpflichtenden Maßstab nicht nachkommt, weil der gesellschaftliche Maßstab, der der materiellen Bedingungen, ein anderer ist. Warum das so ist, diskutieren wir ebenfalls, wenn es um die *Bedingungen* für ein *bedingungsloses* Grundeinkommen geht. Von der Verantwortung ist es jetzt kein großer Schritt zur Gerechtigkeit.

Fazit: Verantwortung bedeutet, sich frei heraus, aber wie eine Notwendigkeit vorgebracht, für etwas *zuständig* zu erklären. Man will „Verantwortung übernehmen". Wird man „zur Verantwortung gezogen", dann wird man für zuständig erklärt. Einmal ist es die Selbstverpflichtung, im anderen Fall wird man verpflichtet. Das **Tun-Wollen**, der eigene Beschluss dazu, wird in den Rang einer Notwendigkeit gehoben, zur Pflicht erklärt, zum **Tun-Müssen**, zu **einem moralischen Gebot**.

Bei der politischen Verantwortung beruht die Selbstverpflichtung auf den mit dem Amt definierten Pflichten, um ihre Erfüllung zu einem Erfolg staatlicher Herrschaftsausübung im Sinne seiner Staatsraison zu machen. Ist der Erfolg für die Nation sichtbar und messbar, ist das Amt und seine Amtsausübung geachtet. So fällt dann auch Glanz auf den Amtsinhaber, und so darf er dann auch Glanz als persönliche, wahrgenommene Verantwortung für sich beanspruchen und seine Wähler als glaubwürdiger, verantwortungsvoller Charakter beeindrucken.

Gerechtigkeit und Wahrheit

Schauen wir uns das Beispiel des von euch erwähnten französischen Philosophen Alain Badiou an.[10] Er geht ebenfalls wie Savater davon aus, dass es so etwas wie universelle Wahrheiten gibt, zeitlose Wahrheiten, ewige Wahrheiten. Das Gravitationsgesetz gilt für die Erde, solange sie in ihrer jetzigen Form in Abhängigkeit von den Planeten existiert. Dazu können wir sagen: Das ist eine Wahrheit. Wenn wir sagen ewige Wahrheit, verdoppeln wir die Wahrheit in den Teil, der die Erkenntnis, das was wir als wahr anerkennen, was die Gesetzmäßigkeit ausmacht, warum die Gravitation wirkt, und in den Teil der Dauer, nämlich, dass die Gravitationskraft ewig wirkt. Das ergibt eigentlich keinen Sinn, weil „ewig" als Erkenntnis in der Gesetzmäßigkeit enthalten ist. Wenn ich trotzdem Wert darauf lege, der Erkenntnis (Wahrheit) noch das Attribut „ewig" beizufügen, muss es mir noch um etwas gehen, das die Erkenntnis selbst noch nicht hergibt: eine Bedeutung, die ich, als Philosoph, der Wahrheit beifügen will. Mit der Wahrheit, die durch die Gesetzmäßigkeit begründet ist, hat sie nichts mehr zu tun. Ich will sie als Philosoph noch für etwas anderes, außerhalb von ihr Liegendes benutzen, z. B. als Kategorie für „unewige" Wahrheiten, Wahrheiten, die nur von begrenzter Dauer sind. Damit will ich der Wahrheit ihren zwingenden, gesetzmäßigen Gehalt absprechen, sie relativieren: „Es kann aber auch alles ganz anders sein! Nichts Genaues weiß man nicht." In Debatten heißt es dann: „Das ist nur subjektiv!" Könnt ihr mir bis hierher zustimmen? Das war ein aus der Naturwissenschaft entlehntes Beispiel. Da ist die Logik des verqueren Denkens

---

[10] „Die Linke ist traumatisiert"; Hamburger Abendblatt, 13.03.2018.

von Badiou noch nachvollziehbar. Diese „Art" zu denken ist vielen Philosophen zu eigen. Man könnte sich polemisch fragen, wie die es eigentlich schaffen, jeden Morgen aufzustehen. Sie müssen sich dabei ja entscheiden, die Schwerkraft überwinden zu wollen, um damit den praktischen Beweis anzutreten, dass die Gravitation wahr ist. Badieu sagt aber auch, Gerechtigkeit sei eine universelle Wahrheit. Wie erklärt sich das?

Nicole: Na ja, nach dem eben Gesagten denke ich mir, dass Gerechtigkeit deshalb etwas Ewiges, Universelles ist, weil sie immer gilt, ganz gleich, in welcher gesellschaftlichen Form oder in welchem System wir leben – quasi ein Wert, der dem Menschen gemäß ist.

Ich: Gerechtigkeit als ewig währender Wert. Was ist der Inhalt davon? Warum soll der Wert so bedeutungsvoll sein?

Lua: Dass es gerecht zugeht, ist ein zutiefst menschliches Bedürfnis, ein Urbedürfnis. Gerechtigkeitsempfinden liegt in unserer Natur. Deshalb ist es universell. Keiner soll einen Vorteil durch einen Nachteil für jemand anderen haben. Deshalb bin ich auch für Um*fair*teilung.

Ich: Moment, nicht so schnell. Wie schon gesagt, auf das Um*fair*teilen kommen wir noch zu sprechen.
Fällt euch etwas an der Aussage auf: Keiner soll einen Vorteil durch einen Nachteil für jemand anderen haben?

Aaron: Vorteil lässt sich nur im Zusammenhang mit Nachteil denken und umgekehrt. Quasi zwei Seiten derselben Medaille.

Nicole: Es passt nicht zusammen, einerseits in den Kategorien von Vorteil und Nachteil zu denken und gleichzeitig soll niemand zu Schaden kommen.

Ich: Ich gebe einmal ein aktuelles Beispiel für einen als gerecht geltenden Ausgleich: Eure Zweier-WG bekommt vom Getränkehändler zum Einzug eine Kiste Bier als Probekiste geschenkt. Was ihr damit macht, wie ihr es verteilt, liegt an euch. Was wäre jetzt gerecht?

Lua: Wenn jeder von uns beiden eine halbe Kiste Bier bekommt.

Ich: Das wäre für jeden genau die Hälfte.

Lua: Genau.

Ich: Eigentlich müsste ich jetzt fragen, *warum* jeder die Hälfte bekommt. Ich frage aber: Was ist, wenn ich gar kein Bier mag? Muss ich dann das Bier um der Gerechtigkeit willen trotzdem trinken?

Lua: Quatsch, die andere Hälfte krieg ich dann auch noch.

Ich: Dann bekommst du ja meine Hälfte der Gerechtigkeit. Du hast dann die ganze Gerechtigkeit und ich habe keine. Das wäre doch ungerecht.

Lua: Das Beispiel ist blöd gewählt.

Ich: Irrtum. Jedes Beispiel ist gleich gut oder gleich schlecht gewählt. Darum heißt es Beispiel. Du meinst, das Beispiel trifft die Sache nicht? Ich meine schon. Denn während du meinst, jedem von euch stünde genau die Hälfte zu, sage ich, mir gehen die Hälfte und damit die Gerechtigkeit am Arsch vorbei, und wenn du zehnmal darauf bestehst, ich solle meinen gerechten Anteil bekommen. Wenn ich etwas nicht mag, kein Bedürfnis danach verspüre, dann habe ich kein Interesse daran, egal, ob es eine Flasche Bier oder ein ganzes Fass Bier ist. Gerechtigkeit muss demnach etwas sein, was nicht unbedingt mit meinem unmittelbaren Bedürfnis zusammengeht, sie hat ein von mir getrenntes Dasein. Da du aber ein Fan von Bier bist, freue ich mich für dich, dass du jetzt erstmal ausreichend mit Bier versorgt bist. Als gerecht könnten wir es bezeichnen, dass ich auf das Bier nicht angewiesen bin, es auch nicht trinken muss und die Freiheit habe, es der WG zu schenken.

Die Frage der *gerechten* Verteilung wäre in unserem Beispiel ein *quantitatives* Verhältnis der Verteilung, gleich viel. Was wir an diesem Beispiel merken können, ist, dass uns mit der Abstraktion, dem Formalismus eines Entsprechungsverhältnisses „zu gleichen Teilen", keine brauchbare Handlungsanweisung für ein gutes Leben gegeben wird, in dem es um mein individuelles Bedürfnis gehen soll. Effektiver ist es, sich Gedanken darüber zu machen, *was* man für ein gutes, freies Leben braucht.

Fazit: Gerechtigkeit als universelle Wahrheit zu behaupten ergibt dann Sinn, wenn man einen *Mangel* an Bedarfen für ein sorgenfreies Leben als ständigen, dauerhaften, wie ein Naturgesetz *wirkenden* Mangel unterstellt.

Von der Idee zum geistigen Eigentum

Eine Idee zu haben hat zunächst nichts damit zu tun, einem Produkt durch Arbeit Wert zuzusetzen. Nicht Henry Fords Idee eines Autofließbands schafft den Wert, sondern der Arbeiter, der an dem Band arbeitet. Nicht die Ideenskizze schafft einen Wert, sondern die Arbeit der Umsetzung in einen Ausführungsplan, eine Handlungsanweisung für ein Produkt, das verkauft werden soll. Eine Idee kann ich im Kapitalismus jedoch als Potenz für ein profitables Geschäft sichern, indem ich die Idee bei einem Patentamt anmelde. Das heißt, ich kann mir etwas ausdenken und habe dann nach der Patentierung das alleinige Recht an dem Ausgedachten. Jedenfalls dann, wenn ich ein Geschäft damit machen will, gesteht mir die Staatsgewalt in Form eines Rechts zu, dass ich meine Gedanken quasi privatisieren darf. Wenn du zum Beispiel auf einen Gedanken kommst, den schon jemand vor dir hatte, weil es ja durchaus in der Natur des Denkens liegt, dass zwei oder mehr Menschen gleichzeitig auf denselben Gedanken kommen, hast du Pech gehabt bzw. derjenige, der das Medikament mit dem besonderen, patentierten Wirkstoff braucht, es aber nicht bekommen kann. Warum nicht? Weil das Patent für den Medikamentenwirkstoff z. B. einem Pharma-Konzern gehört, für den sich die Produktion des Medikaments nicht lohnt. Die Krankheit ist zu selten, um ein lohnendes Geschäft mit dem Absatz des Medikaments daraus zu machen. Anders bei Aspirin, das wie eine Gelddruckmaschine wirkt.

Laura: Das ist eine Sauerei. Der Staat müsste den Konzern zwingen, das Patent freizugeben, wenn er es nicht nutzen will.

Ich: Der Staat ist erst einmal der Garant des sogenannten geistigen Eigentums. Sein Recht schützt den Patentinhaber. Geistiges Eigentum ist eigentlich ein Widerspruch in sich. Ist es nicht so, dass alles, was deinem Geist, deinem Hirn entspringt, von dir ist? Es kann gar nichts anderes sein als dein Eigentum, weil du es immer selbst gedacht haben musst. Damit dein Gedanke, deine Idee für alle anderen Menschen, die diese Idee auch hatten oder gut finden, nur dir exklusiv gehört, benötigt man eine Gewalt, die dir dieses ausschließliche Recht der Ideenverwertung garantiert. Nur eine (Staats)Gewalt kann dir dieses Recht der ausschließlichen Verfügung einräumen und zusichern. Diese lizensierte Verfügung über geistiges Wissen ist einer der Motoren des Kapitalismus. Nur wenn ich andere von etwas *ausschließen* kann, was sie nützlich und brauchbar finden könnten, kann ich es ihnen gegen Geld verkaufen.

Lua: Das Patent- und Markenrecht muss demnach eine lohnenswerte Angelegenheit sein, weil der Streit vorprogrammiert ist, wenn theoretisch jeder in der Lage ist, sich etwas auszudenken, was sich schon vorher jemand gedacht hat, der eine seine Idee nur schneller beim Patentamt angemeldet hat.

Ich: Übrigens kann jeder ein Patent anmelden. Wenn der Staat, wie du es, Laura, vorschlägst, den Lizenzinhaber zwingen soll, seine Lizenz zurückzugeben, käme dies einer Enteignung gleich. Für den Staat würde das bedeuten, als würde er der Katze das Mausen verbieten.

Laura: Aber das bedeutet ja, dass jeglicher Fortschritt, für den das Denken, Ideen, die Grundlage sind, von vornherein für die kommerzielle Verwertung vorgesehen ist!

Ich: Staatlich gefördert und geschützt. So funktioniert übrigens ein „Transmissionsriemen". Deshalb ist der Staat als Adressat für die Verhinderung von Patenen, deren Idee du nützlich findest, die falsche Adresse.

Aaron: In der Agrarindustrie bestimmen mittlerweile weltweit vier Konzerne über das Saatgut, weil sie sich das genveränderte Saatgut patentieren ließen. Sie bestimmen letztlich, was wir auf den Teller bekommen. Was als sogenannte Genomeditierung in Europa nicht zum Zuge kommt, wird in China gern als Patentanmeldung befürwortet.

Ich: Wie und von wem zukünftig die Menschheit ernährt wird, ist zu einer Frage der Staatenkonkurrenz zwischen Europa und den USA geworden. In ihr geht es darum, wer es schafft, seine national angemeldeten Patente global in Form von Lizenzen für jeden Bauern auf der Welt verbindlich zu machen. Geistiges Eigentum ist in diesem Zusammenhang eine Triebkraft des modernen Imperialismus. Was ihn ausmacht, erörtern wir noch.

Fazit: Geistiges Eigentum ist ein Widerspruch in sich, der nur durch staatliche *Gewalt* in der Praxis als ausschließendes *Geschäftsmittel* Geltung erhält und einklagbar wird.

Teil II

Lebenszeit – Zeit ist Geld

Auch wenn es banal klingt: Ein schönes Leben zu haben heißt irgendwann einmal, dass man das Leben auch gehabt hat. Es ist nicht unendlich, deshalb reden wir auch von Lebenszeit. Die biologische Uhr tickt. Das hat für euch als junge Erwachsene noch keine große Relevanz. Trotzdem wird für jeden alles in Zeit gemessen, ob wir wollen oder nicht. Die Uhr läuft. Mal empfinden wir die Zeit als rasend, mal als Ewigkeit. Am Ende aber ist die Zeit verstrichen.

Lua: Na ja, das ist jetzt nicht gerade eine neue Erkenntnis.

Ich: Stimmt, aber jetzt pass auf. Wenn alles, was wir wollen und tun, an die Zeit gekoppelt ist, dann kommt es schon darauf an, ob und wie ich über Zeit verfügen kann. Die freie Verfügbarkeit über Zeit ist eine ganz wesentliche Voraussetzung für ein gutes Leben. Wir messen global den Tag in 24 Stunden. Nehmen wir einmal an, ein normaler Arbeitstag bestehe mit Fahrzeit und einer halben Stunde Pause aus 10 Stunden. 24 minus 10 macht 14 Stunden. Für einen geruhsamen Schlaf ziehe ich noch einmal 8 Stunden ab, dann bleiben 6 Stunden. Davon verbrauche ich 1,5 Stunden für das Aufwachen, die Morgentoilette und das Frühstück.

Nicole: Bleiben noch 4,5 Stunden, von denen man mindestens die Hälfte im Netz verbringt.

Ich: Okay, 4,5 Stunden bleiben für die gesamten Alltäglichkeiten zur Reproduktion. Dazu gehören: Einkaufen, Essen zubereiten, Putzen, Verwaltungsarbeiten, Körperpflege, Sport und und und; die Liste ließe sich beliebig verlängern. Fast hätte ich es vergessen: Zur Reproduktion gehört natürlich auch, für Nachwuchs zu sorgen oder Spaß zu haben, ohne Nachwuchs zu produzieren, einfach so, sowie ein „gutes Buch" auf dem Tablet zu lesen. Weiterbildung lasse ich einmal weg, es sei denn durch Fernsehen und Tutorials. Da gehen statistisch gesehen auch schon einmal 1,5 Stunden täglich weg, bleiben noch ...

Nicole: ... 3 Stunden, und du hast noch nicht die Mütter und Väter, mit deren „Sich-um-die-Kinder-Kümmern" aufgezählt.

Ich: Richtig, an die mag man gar nicht denken.

Lua: Die schieben sowieso alles aufs Wochenende.

Ich: Nicht nur die. Aber wie jeder seine Freizeit, also die Zeit, die er nicht gegen Honorar, Lohn oder Gehalt arbeitet, einteilt, ist ja auch individuell verschieden. Tatsache bleibt, das Zeitbudget ist das gleiche. Frage: Kann ein Leben mit so einem Zeitbudget wirklich gut sein oder gut werden, erstrebenswert sein?[11]

Laura: Nein, aber es gibt auch die Möglichkeit, in Teilzeit oder im Home Office zu arbeiten.

---

[11] Crary geht in seinem Buch detailliert darauf ein, wie die kapitalistische Produktionsweise das gesamte Leben okkupiert. Eine Antwort, warum das so ist, bleibt er schuldig. Jonathan Crary: 24/7. Schlaflos im Spätkapitalismus. Berlin 2014.

Lua: Ja, klar, aber auch zu einem Teillohn.

Ich: Da habt ihr beide zwei wesentliche Aspekte benannt, nämlich die Zeit und den Lohn. Es geht also gar nicht um ein abstraktes Zeitbudget, es geht anscheinend viel mehr darum, auf welche Art und Weise wir unser Leben jeden Tag aufs Neue sichern.
Unsere verausgabte Arbeit wird in der Marktwirtschaft in Zeitlohn gemessen. Die erbrachte Arbeitsleistung pro Zeit bestimmt den Preis der Arbeit: Stundenlohn.

Laura: Und was ist mit dem Honorar, wenn ich als Freiberuflerin selbstständig bin?

Ich: Da verhält es sich etwas anders. Als Freiberufler muss ich alle Preise, die ich als Vorleistung für meine Selbstständigkeit bezahle, wie Miete, Versicherungen, Büromaterial, Werkzeuge etc. in mein Honorar miteinpreisen. Wenn ich die Kosten am Ende von meinem Honorar, auch Stundensatz genannt, abziehe, bleibt mein Stundenlohn übrig. Häufig wollen Freiberufler ihren Stundenlohn gar nicht wissen, weil er unter dem gesetzlichen Mindestlohn liegt.

Lua: Das klingt nach Selbstausbeutung.

Laura: Dafür sind sie ihre eigenen Chefs.

Lua: Toll! Eine 1-Euro-Ich-AG lässt grüßen!

Ich: Lasst uns noch einmal zurückgehen und überlegen, ob wir aus der „Zeitfalle" herauskommen. Also, wenn wir weniger arbeiten, haben wir mehr Zeit, aber weniger Geld, um in der freien Zeit unsere Bedürfnisse zu befriedigen. Bitte erspart mir jetzt den Einwand, Spazierengehen koste nichts, was übrigens auch nicht ganz stimmt. Wobei es selbstverständlich ist, dass alle anderen Fixkosten sich nicht an den Teilzeitverdienst anpassen. Jedenfalls ist mir noch keine Teilzeitwohnmiete bekannt. Diejenigen, die mehr arbeiten, sprich Vollzeit inklusive Überstunden, weil sie sich etwas leisten wollen, haben mehr Geld zur Verfügung, dafür aber noch weniger Zeit. Hinzu kommt, dass sie, weil sie ihre Arbeitskraft jeden Tag aufs Neue zur Verfügung stellen müssen, noch weniger Zeit für die sogenannte Reproduktion haben.

Aaron: Was bedeutet Reproduktion in diesem Fall genau?

Ich: Sich wieder in den Zustand zu versetzen, der es einem erneut erlaubt, wieder anzutreten, um seine täglichen Notwendigkeiten verrichten zu können.
Also, wie gesagt, dieser Zeitmangel wird zum Teil durch teurere Lebensmittel, „Luxusgenussmittel" oder Fastfood kompensiert, womit wir wieder bei unserem Zeitbudget sind, bei unseren durchschnittlichen drei bis vier Stunden, die uns pro Tag bleiben. Was wir jetzt bei unserem Lohn respektive Gehalt noch gar nicht berücksichtigt haben, ist, dass unser Arbeitgeber praktisch pro Stunde sein Geschäft mit uns gemacht hat, wir könnten auch sagen, bei einem Acht-Stunden-Normalarbeitstag, pro Tag. In die Stunde, in der wir für den Unternehmer arbeiten, ist alles eingepreist, auch der Gewinn. Wenn wir abends nach Hause kommen, sind wir nicht nur müde, sondern können feststellen, dass das Geld, das wir am Tag verdient haben, nach Abzug aller Kosten, die wir am Tag hatten, so gut wie verbraucht ist.

Lua: Das ist Erpressung!

Ich: Jein. Ja: Für einen Stundenlohn zur Lebensunterhaltung zu arbeiten bedeutet den Zwang, sich jeden Tag aufs

Neue mit seiner Arbeitskraft, manche sagen auch Arbeitsvermögen, zur Verfügung zu stellen. Nein: Es ist nicht die persönliche Absicht des Unternehmers, mich zu zwingen. Der Zwang, die Erpressung, wie du es nennst, liegt in der Natur der organisierten marktwirtschaftlichen Erwerbsarbeit, in den Gesetzen der Ökonomie. Wir kommen noch auf diese Gesetze beim Thema Wachstum zusprechen.

Lua: Das macht die Sache nicht besser, nur weil es eine gesellschaftliche Erpressung ist. Mein Freund hat mir von der Akkordarbeit bei Opel erzählt. Da werden sie in einigen Produktionsbereichen nach eingebauter Stückzahl pro Stunde bezahlt. Eigentlich ist es aber egal, ob Stundenlohn oder Stücklohn. Am Ende reichte es für ihn kaum zum Leben und darüber hinaus klagt er ständig über Kopfschmerzen.

Nicole: Bei meinem Job ist der Mindestlohn an eine Erfolgsprämie gekoppelt. Wenn ich mal nur den Mindestlohn schaffe, fragt der Chef gleich, was denn los sei.

Lua: Wenn ich als rider zu langsam bin, meckert ständig die App. Bei Regen kann man aber nicht so schnell fahren.

Laura: Hinzu kommt noch, dass wir immer alles am Anfang des Monats bezahlen müssen. Unsere Gehaltsüberweisungen bekommen wir aber immer erst am Ende des Monats.

Ich: Ja, das unterstreicht noch einmal den Zwang, den schon geleisteten *Vorschuss* wieder zu verdienen.

Nicole: Das funktioniert aber auch nur, wenn du einen Arbeitgeber findest, der dich braucht, um sein Geschäft mit dir zu machen. Sonst landest du bei Hartz IV, wenn du nicht gerade in der glücklichen Lage bist, BAFöG zu bekommen.

Ich: Wir wollten uns ja erklären, was wir für ein gutes Leben brauchen und was dafür schädlich ist, und nicht den moralischen Zeigefinger heben. Vorhin fiel einmal der Hinweis, dass man am Abend müde nach Hause kommt. Das klang so beiläufig, als sei es die normalste Sache der Welt. Klar ist man, wenn man den ganzen Tag auf den Beinen war, am Abend oder auch schon vorher müde. Nur gibt es zweierlei Müdigkeiten: Wenn man als Verkäuferin, Kellner, Automechaniker oder vor dem Bildschirm eines Computerarbeitsplatzes arbeitet, gebraucht man seinen Grips, beansprucht seine Muskeln, den Bewegungsapparat und strapaziert seine Nerven. Und dies in unterschiedlicher Intensität, jede 60 Sekunden mal 60 Minuten mal X Stunden. Ich kann auch nicht nur eine der drei Voraussetzungen – Hirn, Muskeln und Nerven –, die ich für das Arbeiten benötige, in die Pause schicken oder, weil ich im Büro einen Bildschirmjob habe, meine Beine zu Hause lassen. Das bedeutet, dass ich meinen körperlichen Verschleiß, die Abnutzung und die Erschöpfung nicht im Spind oder am Garderobenhaken ablegen kann. Mit letzten Reserven bringt man seinen erschöpften, ausgebeuteten Körper nach Hause in die eigenen vier Wände.

Laura: Das erklärt auch, warum abends die Leute so ausdruckslos in der S- und U-Bahn sitzen. Manchmal habe ich mir gedacht, die sind alle ferngesteuerte Zombies.

Ich: Mit unserem Stundenlohn bzw. Gehalt ist benannt, dass es um Geld pro Zeit geht. Die Wirkungen der Arbeitsbedingungen, der Belastungen für unseren Körper liegen außerhalb unserer Arbeitsverträge, manchmal werden sie auch direkt in den Vertrag hineingeschrieben. Für die Wirkungen sind wir in der Regel in unserer Freizeit privat zuständig. Etwas beschönigend ausgedrückt heißt es, sich wieder fit zu machen. Sachlich könnte man sagen, sich zu reproduzieren, um am nächsten Tag wieder die Voraussetzung zu haben, gegen Bezahlung arbeiten gehen zu können.

Lua: Jetzt leuchtet mir auch ein, warum Fitnessstudios so ein bombiges Geschäft machen. Ihnen geht nie die Kundschaft aus.

Laura: Das mag alles richtig sein. Aber es gibt doch auch Arbeitsschutzbestimmungen. Die müssen doch auch ihre Wirkung haben. Die gibt es doch nicht grundlos.

Ich: Unbestritten. Es gibt für jeden Arbeitsplatz in der marktwirtschaftlichen Erwerbsarbeit Verordnungen, Bestimmungen, Grenzwerte, Prüfpersonal oder die Berufsgenossenschaften. Welchen Schluss ziehst du daraus, wenn ich dir sage, dass alle diese Leute in den öffentlichen Verkehrsmitteln, die du als so ausdruckslos nach getaner Arbeit beschrieben hast, die unter all den Schutzbestimmungen den ganzen Tag gearbeitet haben, bis auf wenige Ausnahmen alle krank sind? Krank im Sinne, dass sie Kopfweh haben, chronische Sehnenscheidenentzündungen, Rückenprobleme, Alkoholprobleme, Sehstörungen, vegetative Erschöpfungszustände, auch als Burnout bekannt. Die Liste ließe sich, wenn man einen Allgemeinmediziner oder die Krankenkassen befragen würde, beliebig fortsetzen.

Laura: Ja, aber einige der aufgezählten Krankheiten bzw. Beschwerden haben ihren Grund doch auch durch einen natürlichen Verschleiß.

Nicole: Die Langzeiterkrankungen von Allergien bis Krebs, entstanden durch giftige Chemikalien auf den Feldern, in Lebensmitteln, Spielzeug, Kosmetika, Möbeln, in der Produktion sind noch gar nicht mit eingerechnet, weil sie schleichend kommen. Die multiresistenten Keime haben es schon bis in unsere Waschmaschinen zu Hause geschafft.

Ich: Klar gehört natürlicher Verschleiß zum Leben. Gerade aber weil wir Anhängsel unserer Körperlichkeit sind, weil wir auf unseren Körper angewiesen sind, wird uns der natürliche Verschleiß als Privatsache zugemessen. Ein Beispiel: Jemand arbeitet, sagen wir 20 Jahre nach allen Regeln des Arbeitsschutzes im Büro. Sein Arzt bescheinigt ihm eine berufsbedingte chronische Sehnenscheidenentzündung, Stenosen mit Folgen bis über den Nacken ins Hirn. Eine Berufsausübung ist nicht mehr möglich. Die Krankenkasse erkennt den Schaden nicht als Berufsunfähigkeit an. Begründung: Der Geschädigte benutze auch privat einen Computer, sodass die Schädigung nicht eindeutig als die Schädigung der beruflichen Mouseclicks zu bewerten sei.

Die Thematik gehört eigentlich zum Thema Volksgesundheit. Laura, um deinen Einwand erschöpfend zu besprechen, müssten wir die Begrifflichkeit von *Volks*gesundheit diskutieren. Das würde uns aber zu weit von unserem jetzigen Thema wegführen. Ich schlage vor, wir greifen das Thema Volksgesundheit noch einmal auf, wenn es um die Frage Staat, Volk und Wahlen geht. Hier nur so viel: Wer mit der Volksgesundheit argumentiert, für den ist das Maß der Schädigung eine statistische Größe. Individuelles Leid existiert dann nur in der Form der Verhältnismäßigkeit.

Auch wenn das Beispiel extrem ist – was ich damit sagen will: Wenn wir am Abend zu Bett gehen, haben wir unseren Tageslohn mehr oder weniger verbraucht. Wir wissen daher, dass wir am nächsten Tag wieder zur Arbeit gehen müssen. Die zunehmend leere Kasse ist die Motivation, den Wecker zu stellen, auch wenn wir uns überhaupt nicht wohlfühlen. Wir sind auf unseren Job angewiesen, und Kranksein wird gar nicht gern gesehen. Zum einen haben wir Angst, unseren Job zu verlieren, zum anderen setzen wir uns unter moralischen Druck, weil wir nicht wollen, dass die Kolleginnen und Kollegen unsere Arbeit im Krankheitsfall mitmachen müssen. Ihnen geht es ja nicht besser als mir. Diese falsch verstandene Solidarität geht noch mehr zulasten der Gesundheit.

Das Perfide ist doch, egal, was wir in unserer Freizeit, also der Freizeit von Erwerbsarbeit tun, ob Fitness treiben, cornern, Wein trinken, Aufputschmittel oder Schlaftabletten nehmen, im Chor singen, Tauben oder Ziegen züchten oder Karten spielen, gamen, alles ist zugleich Mittel, um unsere Arbeitskraft wiederherzustellen, dient der Reproduktion, alles ist ein Vergnügen, eine Entspannung, die funktionalisiert ist für den Dienst am Privateigentum, für eine Erwerbsarbeit, die uns Angst und krank macht. Reicht das für ein gutes Leben?

Laura: Nee, bestimmt nicht. Mir kommt da aber gerade noch so ein Gedanke. Wenn uns die Intensität der Verausgabung unserer Arbeitskraft am Arbeitsplatz und die Dauer, wie wir unsere Arbeit ausführen, krank macht, dann ist es doch eigentlich kontraproduktiv, mich mit homöopathischen Mitteln, Akupunktur, Yoga wie auch immer gesund machen zu wollen. Vom ganzheitlichen Standpunkt der Heilung betrachtet müsste ich doch die Bedingungen meiner Arbeit als negative Ursache verändern?

Ich: Wenn es nach dem Ursache-Wirkungs-Prinzip in der Erwerbsgesellschaft ginge, würde ich dir zustimmen. Es scheint aber einfacher zu sein, sich eine positive Einstellung zur Arbeit zuzulegen, das Übel also in sich selbst zu suchen, als „alles negativ" zu sehen und „schwarzzumalen". Das Motto heißt da nicht: Kritisiere und ändere die Lebensbedingungen, die dich krank machen, sondern „denk positiv, du kannst die Welt nicht retten", aber mit einer veränderten Einstellung zu dir selbst kannst du die Welt positiv beeinflussen. Einfach alles „total nett finden" und „wahnsinnig interessant".

Lua: Das ist doch eine selbstverordnete Gehirnwäsche, die Verdrehung von Ursache und Wirkung. Kein Wunder, dass sich nichts ändert.

Ich: Das lasse ich jetzt einmal unkommentiert. Nur so viel: Sich permanent etwas schönzureden ist genauso anstrengend wie sich über das, was einem missfällt, Gedanken zu machen. Jeder Gedanke, etwas positiv sehen zu wollen, unterstellt, dass ich mir vorher einen abweichenden Gedanken zum positiven Gedanken gemacht haben muss. Es gibt aber auch noch andere Techniken, wie die arbeitende Bevölkerung ihre an sich auffallenden Missstände und Erschöpfungszustände, um im Bild zu bleiben, aushaltbar macht. Das kennt ihr wahrscheinlich auch von euch selbst. Du brauchst dich nur mit jemandem zu vergleichen, dem es noch übler geht als dir, und schon bist du vermeintlich fein raus. Einer, dem es noch schlechter geht, findet sich immer, und wenn nicht eine Kollegin oder Kollege in unmittelbarer Nachbarschaft, dann eben in Rumänien, Bangladesh oder unter den Plastikplanen der Tomatenplantagen in Spanien. Politiker und staatliche Medien befeuern solche Vergleiche mit dem Hinweis, den Deutschen ginge es noch nie so gut wie heute. Unsere Frage müsste nun lauten: Kann ein Leben mit so einem Zeit- und Geldbudget wirklich gut sein oder gut werden? Warum muss eigentlich die Erwerbsarbeit in Zeit gemessen werden? Wie ist der Satz „Im Tauschwert sind alle Waren nur bestimmte Maße festgeronnene Arbeitszeit" zu verstehen?

Fazit: Zeit existiert in unserer Erwerbsgesellschaft nur als bezahlbare Zeiteinheit, Stundenlohn. Es gilt die Gleichung: Zeit ist Geld. *Lebens*zeit ist *Erwerbs*arbeit. Freizeit bedeutet, freie Zeit von Lohnarbeit zu haben. Freizeit ist die notwendig verbleibende Zeit, in der man für und an sich die Voraussetzungen schafft, der Erwerbsarbeit weiter nachgehen zu können, sie ist Reproduktionszeit.

Lies noch was: Gesundheit – ein Gut und sein Preis[12]

---

[12] In dem Buch gehen die Autoren u. a. der Frage nach, wie ein bürgerliches Gesundheitssystem beschaffen sein muss, damit die Menschen trotz „Krankheiten" weiterhin für die Gesellschaft nützlich funktionieren. Sabine Predehl, Rolf Röhrig: Gesundheit – ein Gut und sein Preis. München 2016.

Bedingungsloses Grundeinkommen I, Um*fair*teilung

Die Vorstellung, Geld zu bekommen, ohne etwas dafür tun zu müssen, übt eine große Faszination aus und findet deshalb auch eure Zustimmung. Wie wir wissen, beruht das ökonomische Prinzip unserer Gesellschaft auf Wachstum und Geldverdienen. Erst wenn diese beiden Bedingungen erfüllt sind, findet Leben statt. Wer sich als Erwachsener nicht für ein Arbeitsleben gegen Bezahlung nützlich macht, hat auch kein Leben, weil kein Geld. Bei uns bekommt man dann Sozialhilfe, woanders heißt das altmodisch Almosen. Ihr selbst kennt die Knappheit des Geldes mindestens schon aus eurer Schulzeit. Am Ende der Schulzeit kam zu dem notorischen Geldmangel noch die Frage auf euch zu, was ihr einmal werden wollt. Neben der schon feststehenden Antwort: Etwas Besseres; und neben der Aufforderung, in euch hineinzuhören, welche Neigung einen Berufswunsch rechtfertigen würde, war viel lauter herauszuhören, dass es darum geht, mit der Berufsausübung als Erwerbsarbeit sein Leben selbst zu finanzieren, eigenes Geld zu haben. Es gab bestimmt einen Haufen Schüler, die sofort wussten, was sie einmal werden wollten. Für sie war es toll, ihr Hobby zum Beruf zu machen und dafür auch noch Geld zu bekommen. Einigen wird etwas Realismus in Sachen Berufswunsch beigebracht. Für Geld zu arbeiten ist eine ernsthafte Angelegenheit. Der, der die Arbeit vergibt, will schließlich mit deiner Arbeit Geld verdienen und kein Hobby finanzieren. Ich erinnere meinen ersten Praktikumstag in einer Buchhandlung noch ganz genau. Am Abend war ich todmüde. Da hat niemand gesagt: Bei diesem Beruf stehst du den ganzen Tag in einem mehr oder weniger muffigen und halbdunklen

Laden. Es hieß nur, daran gewöhne man sich. Heute würde ich die Frage nach der Anstrengung anders beantworten: Warum soll ich mich an eine so anstrengende Arbeit gewöhnen, die meinen Körper langfristig ruiniert und mir keine Kraft mehr lässt, etwas anderes zu tun? Gewöhnung ist doch kein Wert an sich!

Laura: Deshalb ist die Idee mit dem bedingungslosen Grundeinkommen ja so gut. Niemand müsste dann in einem Job arbeiten, den er vielleicht nicht mag, nur, um seine Existenz zu erhalten. Man hätte auch genug Kraft, um sich zu entfalten, den Job zu finden, der einem liegt, ohne aufs Geld schauen zu müssen.

Ich: Prüfen wir mal, ob das stimmt. Mit der bis dato gültigen Klarstellung, dass euch nur ein Erwerbsleben ein Leben mit den Dingen des täglichen Bedarfs ermöglicht, ist auch ein Druck verbunden. Wenn ich zu den Dingen des täglichen Bedarfs nur über Arbeit gegen Lohn Zugang habe, dann *muss* ich mich auch für die Arbeit gegen Lohn nützlich machen: Bedürfnisbefriedigung nur gegen Bezahlung, Bezahlung nur gegen nützliche *Erwerbsarbeit*. Die Frage, was du einmal werden willst, ist also gar nicht so ohne. Sie unterstellt den Zwang zur Nützlichkeit als vorgegeben. Ist es nicht aber so, dass Zwang und Neigung sich ausschließen?

Nicole: Irgendwas stimmt doch da nicht. Ich bezahle ja jetzt mit dem bedingungslosen Grundeinkommen dafür, dass ich nicht dem Zwang ausgesetzt bin, eine Arbeit zu tun, die mir nicht guttut.

Lua: Hä, wieso das denn?

Nicole: Na ja, das bedingungslose Grundeinkommen ermöglicht mir, dass ich keine Arbeit machen muss, die mir gegen den Strich geht. Wenn gilt, Leben gegen Geld, Geld gegen Arbeit, Arbeit gegen Gewinn, Gewinn nur, wenn Wachstum stattfindet, bedeutet das dann nicht, dass ein bedingungsloses Grundeinkommen aus Wachstumsgewinn finanziert wird? Was wäre damit gewonnen?

Ich: Ja, was wäre damit gewonnen? Aus dem bisher Gesagten gibt es Befürworter und Gegner des bedingungslosen Grundeinkommens. Dass ein Sozialhilfeempfänger eher geneigt ist, für ein bedingungsloses Grundeinkommen zu sein, ist nicht verwunderlich. Wer genau so viel Sozialhilfe bekommt, dass er nicht stirbt, wer seine Erwartungen an ein gutes Leben schon im Keller abgegeben hat, für den erscheint die Aussicht auf ein bedingungsloses Grundeinkommen wie der Umzug in ein Luxusapartment. In der Auffassung, dass das bedingungslose Grundeinkommen ein Luxus ist, weil unverdientes Geld, eint es die Befürworter wie die Gegner. Die einen, weil sie sich nicht mehr dem Zwang zur Nützlichkeit ausgesetzt fühlen, und Almosenempfänger jetzt „richtiges" Geld haben. Die anderen, die sich zugleich die Frage stellen, was das kostet, und zu dem Schluss kommen, diesen Luxus könne sich die Gesellschaft nicht leisten. Beide Seiten unterstellen, dass das Leben bezahlt sein will, und zwar mit Geld. Jetzt könntet ihr einwenden: Das weiß man doch. Stimmt. Deshalb scheint es auch niemandem aufzufallen, dass beim bedingungslosen Grundeinkommen von *Einkommen* die Rede ist, obwohl ich doch gar keine Nützlichkeit zur Einkommenserzielung unter Beweis stellen muss. Also ein Quasi-Einkommen, das so tut, als sei es ein richtiges. Es soll alle die Eigenschaften aufweisen, die wir an anderer Stelle schon als widersprüchlich bzw. zweifelhaft benannt haben. Bedingungslos soll es sein, weil die von uns besprochenen Prinzipien der kapitalistischen Wirtschaftsweise – Leben heißt Geld, Geld heißt Erwerbsarbeit, Erwerbsarbeit heißt Profit, Profit heißt Wachstum – nicht gelten sollen, die Mittel, also das Geld, für das bedingungslose Grundeinkommen sich aber genau diesem Prinzip verdanken! Da das bedingungslose Grundeinkommen mit der Bedingung, nämlich bedingungslos zu sein, verknüpft ist, muss es also jemanden geben, der diese Bedingung setzen kann und so viel Macht hat, um dem bedingungslosen Grundeinkommen *gegen* das bisher geltende wirtschaftliche Prinzip Gültigkeit zu verleihen. Bedingungslos ist das bedingungsloses Grundeinkommen also nicht. Es ist daran geknüpft, dass die Macht, in unserem Fall der Staat mit seinem Gewaltmonopol, dies auch will. Er ist es also auch, der es jederzeit nach seinen Nützlichkeitserwägungen wieder nicht wollen kann.

Lua: Ist doch klar. Deshalb versuchen wir ja auch, Einfluss auf die Politik zu nehmen.

Laura: Selbst wenn es gelingt, das Prinzip Zwang zur Nützlichkeit für Wachstum außer Kraft zu setzen, wer garantiert dann, dass das bedingungslose Grundeinkommen zum Leben reicht?

Ich: Ein berechtigter Einwand. Schließlich ist unsere Marktwirtschaft keine Tauschbörse nach dem Motto: Tausche Dienstleistung gegen Spaghetti Bolognese. Nichts, was sich für das Individuum zwanghaft als schädlich herausgestellt hat, ist außer Kraft gesetzt. Es gilt nach wie vor: Du kannst alles kaufen, aber du musst auch alles kaufen. Laura hat gefragt, wie das bedingungslose Grundeinkommen, das als Mittel zum Leben gebraucht wird, auch ein garantiertes

Lebensmittel sein kann. Der Verdacht liegt nahe, dass der Geldwert, in dem alle nützlichen Dinge des täglichen Bedarfs ausgedrückt sind, sich verändern kann, der Wertmaßstab also außerhalb der Entscheidungshoheit des Beziehers des bedingungslosen Grundeinkommens liegt. Zu deinem Lebensmittel würdest du bestimmt ein Dach über dem Kopf, sprich Wohnung, mit Heizung, Wasser und Strom zählen, also ganz alltägliche Selbstverständlichkeiten, die man notwendig zum Leben braucht. Jedes dieser einzelnen Lebensmittel ist jedoch als Geschäft organisiert: Immobilien- und Grundstückswirtschaft, Wasser- und Stromwirtschaft usw. Jedes deiner Lebensmittel existiert nur unter der Bedingung, dass es als Ware einen nützlichen Dienst für Geschäft und Wachstum, also Profit leistet. Das, was für dich als Lebensmittel einer sicheren Behausung taugt, existiert nur so lange, als du die Renditeerwartungen des Immobilienbesitzers erfüllst. Er ist daran interessiert, mit seiner Verfügungsmacht über Grund und Boden, seinem Eigentum, Geld zu verdienen. Während du an einer möglichst *niedrigen* Miete interessiert bist, ist er an einem möglichst *hohen* Mietzins interessiert.[13] Und weil Obdachlosigkeit kein Schicksal ist, gibt es so etwas wie eine staatlich verordnete Mietpreisbremse. Ob diese ihren Zweck erfüllt, sei dahingestellt. Egal, wie du es drehst und wendest, alles, was du als Lebensmittel brauchst, ist für den, der es besitzt, Mittel fürs Geschäft, das wachsen muss. Jeder, der etwas zu verkaufen hat, versucht,

---

[13] Der Besonderheit, dass die Verfügung über ein Stück Boden einen (Miet)Zins abwerfen kann, hat Karl Marx im Buch *Das Kapital* Band 3 besonderer Aufmerksamkeit und Analyse unterzogen. Einleitend schreibt er: „*Das Grundeigentum setzt das Monopol gewisser Personen voraus, über bestimmte Portionen des Erdkörpers als ausschließliche Sphären ihres Privatwillens mit Ausschluß aller andern zu verfügen.*" MEW, Bd. 25, S. 627–652.

den Wertmaßstab zu seinen Gunsten zu verschieben. Das lässt den Schluss zu, dass das bedingungslose Grundeinkommen als *Lebensmittel* nicht tauglich ist, weil ich über den Maßstab seiner Verfügung nicht verfüge. Das lässt den weiteren Schluss zu, dass von bedingungslos gar keine Rede sein kann. Immer, wenn ich mir ein Bedürfnis befriedigen will, auch wenn es nur das allernötigste ist, muss ich die Bedingungen der Nützlichkeit für Wachstum und Gewinn bedienen – ein sehr entgegengesetztes Verhältnis, ein Widerspruch. Um diesen praktisch zu lösen, müsste der Staat, wenn es denn sein Zweck wäre, als Bedingungsgarant den Geldwert, der durch die Verschiebung des Maßstabs, was in der Alltagssprache heißt, die Waren und Dienstleistungen sind teurer geworden, permanent ausgleichen, also subventionieren. Aber womit würde er das tun können? Mit dem zur Verfügung stehenden gesellschaftlichen Reichtum?[14]

---

[14] *„Da das Geld als der existierende und sich bestätigende Begriff des Wertes aller Dinge verwechselt, vertauscht, so ist es die allgemeine Verwechslung und Vertauschung aller Dinge, also die verkehrte Welt, die Verwechslung und Vertauschung aller natürlichen und menschlichen Qualitäten"* (MEW, Ergänzungsband 1, S. 566).

Geld, gesellschaftlicher Reichtum – was ist das eigentlich?

Ich: „Beim Geld hört der Spaß auf" ist uns allen eine geläufige Redeweise. Wieso eigentlich? Man könnte doch auch sagen, mit Geld fange der Spaß erst an. Bei unseren Überlegungen, ob ein bedingungsloses Grundeinkommen ein vernünftiges Mittel ist, um aus der Armutsfalle herauszukommen, sind wir bei der Frage des Bezahlens hängengeblieben. Unser Einkommen besteht in der Regel aus Zeit- bzw. Stundenlohn, der in Geld ausgezahlt wird. Über die Geschichte und Bedeutung des Geldes sind unzählige Bücher geschrieben worden. Sie fangen an bei Münzen in der Antike und landen zurzeit beim Bitcoin, dem Kryptogeld. Uns interessiert aber weniger die Kulturgeschichte des Geldes als vielmehr seine ökonomische Funktion für unser Leben. Was leistet Geld für ein gutes Leben und was leistet es nicht? Wenn wir uns Geld nach seiner ökonomischen Funktion ansehen wollen, bedeutet das: in seiner modernen ökonomischen Funktion unserer bürgerlichen marktwirtschaftlichen Erwerbsgesellschaft, kurz auch Kapitalismus genannt. Es wird uns also nichts nützen, die Verwendung von Geld in der Sklavenhalter- oder Feudalgesellschaft für die Bedeutung von Geld von heute heranzuziehen, es sei denn, wir finden etwas verbindendes Allgemeines, das über dem spezifischen modernen kapitalistischen Gebrauch steht.

Nicole: Dazu fällt mir eine lustige Geschichte ein. Neulich habe ich per Zufall eine Kindersendung im Radio gehört, bei der es um das Thema Geld ging. Die Kinder wurden gefragt, wie sie sich Geld in der Zukunft vorstellen würden. Ein Junge antwortete: In der Zukunft hat jeder einen Roboter, der einem das Geld trägt. Und zur Frage, wie sie es fänden, wenn man mit dem Kopierer das Geld selbst drucken dürfte, antwortete ein Mädchen, das sei ungerecht, weil dann ja auch die Geld bekämen, die dafür nicht so viel gearbeitet hätten. Ein anderes Mädchen meinte hingegen, das sei eine gute Sache, weil man dann den Armen Geld geben könnte.

Lua (lacht): Sehr lobenswert!

Ich: Wenn wir mal die Ritterlichkeit von Robin Hood beiseitelassen, finden wir in den Antworten der Kinder fast alle Bestimmungen des Geldgebrauchs im Kapitalismus. Die von Nicole erwähnten Kinder haben schon kapiert, dass es sehr praktisch ist, Geld zu haben. Geld gehört zum Leben wie die Luft zum Atmen. Sie wissen, dass man Geld nur gegen Leistung bekommt, dass Leistungen im Vergleich unterschiedlich wertvoll sind, weswegen Gleichheit ungerecht ist. Und sie wissen, dass Armut bedeutet, nicht genug Geld zu haben. Wisst ihr denn noch, wie euch Geld bzw. der Umgang mit Geld beigebracht wurde?

Lua: Meine Schwester hat sich öfter auf dem Weg zur Schule in der Eisdiele ein Eis gekauft, und wenn ich dabei war, hat mir der Verkäufer auch immer eine Kugel in die Waffel gegeben. Eines Tages, ich glaube, ich war fünf oder sechs Jahre alt, dachte ich, was mit meiner Schwester geht, müsste doch auch ohne sie gehen. Als der Verkäufer mir das Eis reichte, forderte er Geld von mir, was ich natürlich nicht hatte, sodass er mir das Eis mit den Worten, ich solle nach Hause gehen und mit Taschengeld wiederkommen, wieder wegnahm. Als ich auf der Straße war, habe ich geheult wie ein Schlosshund.

Ich: Ihr kennt sicherlich das Sprichwort: „Alles hat seinen Preis". In diesem volkstümlichen Sprichwort wird darauf verwiesen, dass nicht nur Dinge, also Waren, mit einem Preisschild versehen sind. Es gibt auch Dinge, die immaterieller Natur sind und trotzdem einen Preis zu haben scheinen. Meistens kommt das Sprichwort zur Anwendung, wenn es um den Schaden einer Person geht, um mehr als einen moralischen Vorwurf, beispielsweise wenn die Beziehung zweier Liebenden am kaputten praktischen Gefühl zerbricht, weil womöglich einer der beiden Karriere machen wollte und seine Aufmerksamkeit mehr der Firma als der/dem Liebsten galt. Um den Preis seiner Karriere hat er mit der Beziehung bezahlt. Praktisch bedeutet immer auch, Zeit für einen konkreten Inhalt aufwenden zu müssen.

Lua: Kennt man ja: „Der ist mit seiner Firma verheiratet".

Ich: In seinem Buch *Ökonomie der Aufmerksamkeit*[15] hat Georg Franck all die Dinge, denen ein virtuelles Preisschild anhängt, aufgelistet, quasi als ein Gefälligkeitskonto: Tust du mir einen Gefallen, tu ich dir einen Gefallen. Positiv ausgedrückt heißt so etwas auch Netzwerk, negativ ausgedrückt Seilschaften. Will man damit angeben, so heißt es, man habe gute Beziehungen.

Laura: Wenn jemand bei der „Tafel" hilft, dann arbeitet er ehrenamtlich, also ohne Geld, weil er anderen helfen möchte. Welchen Preis zahlt oder bekommt der dann?

---

[15] Der Versuch von Franck, seine Ökonomie der Aufmerksamkeit analog der kapitalistischen Mehrwertproduktion mit Zins und Zinseszins gleichzusetzen, ist gelinde gesagt, ziemlich aus der Luft geholt, dennoch beschreibt er, wie moderne „Gefälligkeitsbanken" funktionieren und sich zu Kapital machen lassen. Vgl. hier auch Lobbyismus.

Exkurs Ehrenamt

Ich: Ehrenamt, helfen ohne Bezahlung, klingt so selbstverständlich, so philanthrop, was ist das eigentlich?

Lua: Amt übersetzen wir heute mit Aufgabe. Ursprünglich ist es aber eine Aufgabe, ein Dienst, der von einem Amt, also einer staatlichen Einrichtung bzw. einer Institution, erfüllt wird.

Nicole: Armut wird vom Sozial*amt* verwaltet.

Ich: Also könnten wir auch sagen, das Ehrenamt bei der „Tafel" ist eine Dienstleistung, die eigentlich in den Bereich der Daseinsvorsorge, bei uns heißt es für Minderbemittelte, fällt und in staatlicher Verantwortung liegt.

Laura: Ja, genau. Bedürftige heißt es laut Abgabenverordnung Paragraf 53.

Ich: Ist es dann nicht folgerichtig, dass der Staat Ehrenamtliche, die „Stellvertreter" der staatlichen Vorsorgepflicht sind und umsonst seine Arbeit erledigen, ihnen als Lohn beispielsweise mit einer Ehrenurkunde und verbilligtem Eintritt ins Museum seine Wertschätzung ausdrückt?

Laura: So gesehen stimmt es. Der Staat spart sich Tausende Euro an Sozialkosten, weil er den Preis der Arbeitskraft der Helfer nicht bezahlen muss. Darüber hinaus ist es eine Sauerei, dass angeblich in einem der reichsten Länder der Welt über 1,5 Millionen Menschen Schlange stehen, um ihren Lebensbedarf mit abgelaufenen Lebensmitteln zu befriedigen. Die sind doch nicht über Nacht arm geworden, die ist doch mit staatlicher Politik über Jahre hergestellt worden ...

Lua: ... und von der Gewerkschaftspolitik begleitet worden, und dass der Staat sich dann noch damit rühmt, dass er die Leute beim Containern nicht rechtlich belangt.

Ich: Was im Übrigen nicht ganz stimmt. In einem sachgerechten Landesgerichtsurteil wurde darauf hingewiesen, dass es sich nicht um eine Dereliktion, also die Aufgabe von Eigentum, handelt. Der Umstand, dass die Lebensmittel zur Entsorgung in einen Abfallcontainer geworfen wurden, sagt nichts darüber aus, ob dem Eigentümer damit auch deren weiteres Schicksal gleichgültig ist.

Lua: Das ist doch absurd!

Ich: Nur vom Standpunkt der Verwechslung von *Gebrauchs*wert mit dem *Tausch*wert. Das Gericht hat in seinem Urteil noch einmal klargestellt, dass das höchste Rechtsgut in einer Marktwirtschaft das Recht auf und an Privateigentum ist. Die Staatlichkeit der BRD beruht auf dem Prinzip des Privateigentums. Wir werden, wenn wir über Preise sprechen, darauf zurückkommen. Es gibt aber noch eine weitere Bestimmung von Lebensmitteln, die bisher noch nicht Thema war. Mit Slogans wie „Green Deal", „neue Wachstumsstrategie" oder „Farmers to fork" mischt sich der Staat in die Ernährungsfrage und Ernährungswirtschaft ein. Als Staat betrachtet er die Frage der Ernährung vom Standpunkt der *Volks*ernährung. Das bedeutet, Lebensmittel müssen zum einen in der Lage sein, seinem Volk zu ermöglichen, sich gesundheitszuträglich und insofern auch der Erhaltung der Arbeitskraft förderlich zu ernähren, und zum anderem dem verdienten Lohn „angemessen" erschwinglich zu sein. Was angemessen ist, entscheidet dabei der Staat und nicht dein Einkommen oder Budget. Im Moment läuft die Sicherstellung mit der „Tafel". Volkser-

nährung ist auch keine Frage des individuellen Geschmacks. Ob Hering, Hähnchenfilet oder Tofu-Burger, sie muss den eben genannten Ansprüchen genügen. Ernährungswirtschaft ist für den Staat auch eine Frage von Bereitstellung einer lebenswichtigen Ressource. Es liegt in seiner Zuständigkeit, dass diese Ressource *dauerhaft* und in ausreichenden Mengen und Qualitäten für sein *Volk* zur Verfügung steht. Noch einmal, Volk ist nicht gleichbedeutend mit dem, was ich oder du gern hätte oder bräuchte. Was für den Nationalstaat im Einzelnen gilt, gilt mit dem „Green Deal" für Europa. Die Ernährungsfrage seiner Bevölkerung organisiert der hiesige Staat über das privatwirtschaftliche Geschäft. Das Geschäft wiederum bezweckt nicht nur, den heimischen Markt zu beackern, sondern wenn möglich Exportschlager zu erzeugen. Der „Green Deal" ist das Eingeständnis, dass der Klimawandel und seine möglichen Folgen die industrielle Produktion, aber vor allem die Agrikultur, die Landwirtschaft vor neue Herausforderungen stellen, die eine Neubewertung und Neupositionierung der bisherigen staatspolitisch betreuten Ernährungswirtschaft notwendig machen. Darunter kann auch die Neuregelung eines Lebensmittelabfallbeseitigungsgesetzes fallen. In europäisches Recht gegossene Erzeugerregeln und Subventionen werden so als Hebel benutzt, um den europäischen Markt zu schützen. Kein deutscher Landwirt kann beispielsweise zu türkischen Preisen produzieren und ernten. Unter dem Deckmantel des Klimaschutzes wehrt man den Vorwurf des Protektionismus und unzulässiger Subventionen gegenüber nicht europäischen Akteuren des Weltmarkts ab.
Die Neubewertung lässt auch dem Autarkieideal des Staates, für alle Eventualitäten wie z. B. Kriege und Epidemien gerüstet zu sein, neuen Spielraum. Ob Fleisch aus der Petrischale oder gentechnisch erzeugte Lebensmittel, die in der

staatspolitischen Debatte zu „innovativen Nahrungsmitteln" werden können, die Debatte ist in alle Richtungen offen.

Aaron: Im Übrigen könnte man das Verschenken von Lebensmitteln mit abgelaufenem Mindesthaltbarkeitsdatum sarkastisch eine systemische Win-win-Situation nennen. Die Unternehmer bekommen eine kostenlose Müllentsorgung und einen Imagegewinn, und für die Tafelmitarbeiter ist es immer wieder „Nahrung", um gelebte Mitmenschlichkeit als das gute Gewissen der Gesellschaft zu beweisen, das sie auf staatlicher Ebene vermissen.

Ich: Womit wir noch einmal bei Ehrenamt sind. Es geht hier nicht um den Menschen, der unentgeltlich, weil er Spaß daran hat, Jungs und Mädels im Fußballspielen trainiert. Es geht auch nicht um mobile Retter, die bei einem Herzinfarkt schneller vor Ort sind als der Notarzt und dein Leben retten. Wobei auch die auf die Idee kommen könnten, dass es sinnvoll ist, wenn jeder Viertklässler eine Herzmuskelmassage beherrscht und in jedem Treppenhaus ein Defibrillator hängt. Nein, es geht um das Ehrenamt, das sich in der Regel um die, die in unserer Leistungsgesellschaft, wie man sagt, „hintenüber gefallen" sind, kümmert, um die, die sich in der Konkurrenz nicht mehr nützlich einbringen können, um die Verlierer und Rentner, deren Rente zum Leben nicht reicht. Sie verursachen dem Staat Kosten, die nicht produktiv sind. Sie konsumieren, ohne Leistung zu erbringen. Im Volksmund heißt es: Sie liegen dem Staat auf der Tasche. Auf den Sozialstaat als moderne marktwirtschaftliche Errungenschaft werden wir an anderer Stelle noch näher eingehen. Dem Sozialstaat geht es bei den „Rausgefallenen" um ein effektives Armutsverwaltungsmanagement, das zunehmend als Geschäft organisiert wird.

Nicole: Wie soll das gehen, wenn sie doch gerade aus der Konkurrenz gefallen sind?

Ich: Indem der Staat seine Armutsbewirtschaftung unter eine betriebswirtschaftliche Rechnung stellt und Minderausgaben als Gewinn verbucht. Der Staat weiß, wie viel ihn ein Schulabbrecher, ein Langzeitarbeitsloser oder psychisch Kranker kostet. Er weiß auch, dass ihm ein in den Arbeitsmarkt vermittelter Asylbewerber Gewinn bringt. Vielleicht habt ihr ja schon einmal von SWK gehört, den Sozialen Wirkungskrediten. Das Prinzip ist recht simpel. Mit privaten Geldgebern, z. B. Goldman Sachs, werden vom Staat Ziel-/Leistungsvereinbarungen getroffen. Da heißt es dann: Wenn ihr es schafft, eine Anzahl von X Obdachlosen über einen Zeitraum von X Monaten in ihren neuen Wohnungen zu halten, bekommt ihr eine Rendite, die zwischen 6 und 13 % liegen kann. Der Kreditgeber sucht sich für ein Projekt einen sozialen Dienstleister oder diese suchen sich für ihre Projekte Kapitalgeber. Das nennt sich dann „gewinnorientierte Sozialwirtschaft" oder „Impact Investment".[16]

Lua: Wenn ich das richtig verstanden habe, finanziert der Staat mit seinen Steuergeldern die sozialen Maßnahmen nicht mehr direkt, sondern erfolgsabhängig den Profit der Kapitalgeber. Klingt wie ein staatlich gefördertes Geldwäscheprogramm.

Fazit Ehrenamt: Das Ehrenamt kümmert sich in der Regel um die, die in unserer Leistungsgesellschaft überflüssig sind, um die, die sich in der Konkurrenz um Lohn und Brot nicht mehr nützlich einbringen können, deren soziale

---

[16] Vgl. Le Monde diplomatique, Ein neues Wohlfahrtsmodell macht Schule. 10.10.2019.

Teilhabe gen null geht, um die „Verlierer". Sie verursachen dem Staat Kosten, die nicht produktiv sind. Sie konsumieren staatliche Leistungen, ohne selbst Leistung zu erbringen. Im Volksmund heißt es: Sie liegen dem Staat auf der Tasche. Der vermeintlich sozialstaatliche Mangel ist dem Tafelmitarbeiter immer wieder Nahrung, um Mitmenschlichkeit als das gute Gewissen der Gesellschaft zu beweisen, das die Ehrenamtlichen auf staatlicher Ebene vermissen. Das Ehrenamt versöhnt die notwendigen Opfer einer Marktwirtschaft mit der Ethik des Helfens notleidender Menschen. Es trägt sich mit dem Ideal der Kompensation ausgemachter staatlicher Versäumnisse.

Geld, was ist das?

Laura: Ich erinnere noch, wie mir Geld beigebracht wurde. Ich saß im Einkaufswagen, als meine Mutter mit mir im Supermarkt einkaufen war. Während sie die Gemüseauslage studierte, langte ich in die in meiner Reichweite sich befindende rot leuchtende Erdbeerschale. Als ich die zweite oder dritte Erdbeere vernaschen wollte, nahm meine Mutter mir die Erdbeeren aus der Hand. Die dürfe ich nicht nehmen, die seien zu teuer. Das verstand ich nicht und fing an zu quengeln. Meine Mutter zeigte auf das kleine Preisschild, das auf der Schale klebte, und versuchte mir zu erklären, dass man erst das Geld an der Kasse abgibt und dann die Erdbeeren essen darf.

Ich: Die Lektion, die euch erteilt wurde, heißt: Ihr seid vom Zugriff auf Genuss- und Lebensmittel so lange ausgeschlossen, solange ihr kein Geld habt, sie zu bezahlen. Die Preisschilder haben eher den Charakter von Verbotsschildern. Es ist eigentlich erst einmal überhaupt nicht verständlich, wenn man Hunger hat und sich einem reichhaltigen Lebensmittelangebot gegenübersieht, nicht zuzulangen, um seinen Hunger zu stillen. Wir lernen also schon sehr früh, dass man zur Bedürfnisbefriedigung Geld braucht, ohne zu wissen, was Geld eigentlich ist. Erstens: Man muss es haben. Zweitens: Die Dinge, die man braucht und für Geld bekommt, gehören jemandem, sind dessen Eigentum. Geld gegen Bedürfnisbefriedigung herzugeben erscheint uns wie ein Naturgesetz, eine allgemeingültige Wahrheit.

Nicole: Das heißt, dass wir von klein auf so erzogen werden, diesem Quasi-Naturgesetz zu gehorchen.

Ich: Wenn du so willst, ja, wobei es für ein Kleinkind egal ist, ob die Milch aus dem Kühlschrank kommt oder Geld von der Mutter für Naschereien ausgegeben wird. Beiden Bedürfnissen steht das Kind erst einmal begriffslos gegenüber. Aber mit zunehmendem selbstständigen Denken wird ihm der Schluss nahegelegt, dass sich um Geld zu kümmern das Natürlichste auf der Welt ist. Ein Fehlschluss, der aber ein prägender Baustein für das Bewusstsein ist. Die Preisschilder machen dir klar, dass die Welt schon fertig mit Eigentumstiteln eingerichtet ist. Alles gehört jemandem. Weil du alles bezahlen *musst*, willst du auch die Mittel haben, alles bezahlen zu können. Wenn du nicht verhungern willst, erscheint es dir nur folgerichtig und logisch, dich um den Besitz von Geld zu kümmern. Das könnte übrigens auch einen Bankraub bedeuten. Man könnte also sagen: Du willst, was du musst.

Aaron: Wenn Geld eine solche Schlüsselfunktion in unserer Gesellschaft hat, müsste man sich doch eigentlich viel mehr damit beschäftigen, es erklären zu können, zumal wenn es wie ein Naturgesetz wirkt. Das Gravitationsgesetz kann ich doch auch unabhängig davon, ob die Kraft gerade wirkt oder nicht, erklären.

Ich: Da hast du nicht ganz unrecht. Ich habe vor einiger Zeit eine Handreichung[17] für Lehrer bekommen. Herausgegeben ist sie von der obersten staatlichen Geldinstanz, der Deutschen Bundesbank. Ziel der Handreichung ist es, den Lehrern eine Hilfe zu geben, damit sie den Schülern Geld erklären können. Diese sogenannten Geldhüter müssten uns die Begrifflichkeit von Geld eigentlich näherbringen können. Geld ist für sie in erster Linie ein Wertspeicher, ein Tausch- und Zahlungsmittel und eine Recheneinheit. *Als* Wertspeicher ist Geld nützlich, weil ich das Geld auf einem Sparbuch anlegen kann, um mir später eine Reise oder den Führerschein leisten zu können. *Als* Tausch- und Zahlungsmittel ist es nützlich, weil ich mir auf dem Flohmarkt mit Bargeld fast neue Reitstiefel kaufen kann. *Als* Recheneinheit ist es nützlich, weil ich mit dem Preisvergleich den Austausch von Gütern anhand eines Vergleichsmaßstabs abwickeln kann. So oder sinngemäß erklären die obersten Geldhüter die Nützlichkeit von Geld. Im nächsten Schritt der Handreichung wird dann in einem Pro und Kontra von Geldgebrauch, wie ihr es aus der Schule gewohnt seid, der Nutzen von Geld gegenübergestellt. Als Kontra ist beispielsweise aufzuführen, dass der globale Handel schwieriger wäre und damit einhergehend weniger Verkehrs- und Umweltbelastungen entstünden. Als Argument pro Geld benennen die obersten Geldhüter, dass ohne einen einheitlichen Maßstab Preise schwierig zu benennen seien, weil man dann das Tauschverhältnis für Brot, Butter, Milch usw., also für jede Ware kennen müsste. Auch könne man ohne Geld fast nichts aufsparen, weil Brot beispielsweise verschimmelt. Für Geld spricht weiterhin,

---

[17] Handreichung: Geld verstehen. Lehrerheft. Dt. Bundesbank 2018.

dass im Tauschhandel viele Dinge nicht teilbar sind. Sie können den Wert günstiger Güter nicht abbilden. Also: Wie bezahle ich zwei Brote mit einer Kuh? Ist jemandem von euch bisher etwas aufgefallen?

Aaron: Mir ist aufgefallen, dass du bisher nur aufgezählt hast, wofür Geld gebraucht wird oder nützlich ist. Es sind lauter Beziehungen untereinander, Funktionen.

Ich: Genau. Mit dem „als Wertspeicher", „als Tauschmittel", „als Recheneinheit" habe ich Stellvertreter von Geld benannt, Funktionen. Die Funktion, die eine Sache hat, ist aber noch nicht die Erklärung der Sache selbst. Die Funktion ist die Vermittlung, der Vermittler. Das, was die Vermittlung leistet, ist hier das Thema, nicht, was vermittelt werden soll, nicht, was Geld ist, sondern was Geld als Wertmaßstab leisten soll. Klingt erst einmal schwierig. Frage: Wie kann ein Papierzettel Speicher von Wert sein? Wieso lässt sich ein Papierzettel gegen Müsli tauschen? Wieso soll ich eine Stunde Mathe-Nachhilfe mit einer Fahrschulstunde oder zwei Kilo Kirschen vergleichen? Vielleicht ist euch auch aufgefallen, dass gleichgültig, ob von Waren, Gütern oder Dienstleistungen die Rede war, ihnen immer ein Wert und ein Preis zugeschrieben wurde. Geld wird in seiner Funktion als Tauschmittel erklärt. Ohne Geld kein nützliches Tauschverhältnis. Wenn es Geld nicht gäbe, müsste man es glatt neu erfinden, so universal genial ist seine nützliche Funktion. Gegen *was* sich da allerdings Geld tauscht und dass ohne Geld sich gar nichts tauschen soll, bleibt als Erklärung offen. Ebenso ist unterstellt, dass es die Dinge, die wir brauchen, als Waren gibt, die einen Wert haben, die jemandes Eigentum und mit einem Preis versehen sind. Lauter Bestimmungen und Eigenschaften, die meinem Bedürfnis nach Nützlichkeit entgegengesetzt sind, dank der Vermittlung durch Geld aber aufgehoben werden. Wer unbeschränkt Geld hat, hat unbeschränkt Zugang zur Warenwelt. So jedenfalls das Ideal. Im wirklichen Leben ist das Geld für die meisten Menschen jedoch knapp und die meisten Bedürfnisse, die nur gegen Geld zu befriedigen sind, bleiben unbefriedigt. Geld zu haben ist so etwas, wie einen „Generalschlüssel" zu besitzen. Man nennt es deshalb auch allgemeines Äquivalent. Geld tauscht sich gegen alles, und alles tauscht sich gegen Geld. Ökonomisch ausgedrückt könnte man sagen: Eine Ware wird zunächst Geld als Einheit von Wertmaß und Zirkulationsmittel oder die Einheit von Wertmaß und Zirkulationsmittel ist Geld.

Nicole: Geld als Tauschmittel, Wertspeicher und Recheneinheit zu benutzen ist nicht unbedingt etwas Neuzeitliches. Ein Goldtaler konnte diese Eigenschaften doch auch aufweisen.

Ich: Ja, das stimmt. Der Goldtaler bestand, wie der Name schon sagt, aus Gold. Gold ist, wie ihr wisst, ein Edelmetall mit universellem Wert. Der Taler repräsentierte nicht nur Wert, er entsprach auch seinem Wert in Gramm Gold. Modernes Münzgeld, wie zum Beispiel 2-Euro-Stücke, sind aus Metalllegierungen, deren Wert weniger ist, als es ihn repräsentiert, von Geldscheinen einmal abgesehen, deren Herstellung mehr kostet, als das Papier mit dem aufgedruckten Wert wert ist. Es kommt heute also nicht mehr darauf an, dass das Geld als Zirkulationsmittel selbst einen Wert besitzt, sondern dass Geld einen Wert repräsentiert – als Einheit von Wertmaß und Zirkulationsmittel.

Aaron: Der Bargeldumlauf macht sowieso nur einen Bruchteil des Geldes aus.

Ich: Warum werde ich beispielsweise ausgelacht, wenn ich mit Spielgeld an der Ladenkasse bezahlen will, aber nicht, wenn ich einen 10-Euro-Schein oder Dollars dafür benutzen möchte?

Laura: Das habe ich als Kind mal ausprobiert; hat aber nicht geklappt. Und weil ich so jämmerlich geheult hatte, hat mir der Kioskbesitzer einen Lolly geschenkt. Das war die Lektion, dass nur richtiges, echtes Geld zählt.

Ich: Und was ist echtes oder richtiges Geld?

Aaron: Geld, für das eine Macht einsteht und garantieren kann, dass das, was auf dem Geld steht, auch gilt.

Ich: Und wenn es nun drei Mächte gibt, um in deinem Bild zu bleiben, und alle drei behaupten, dass ihr Geld gilt, was mache ich dann? Ich stelle diese Frage erst einmal zurück. Macht haben bedeutet auch, dass ich die Mittel habe, diese Macht auszuüben. Das heißt, ich brauche Machtmittel, und diese zeichnen sich in letzter Instanz durch Gewaltmittel und deren Androhung aus. Wer Macht hat, kann dir damit Schmerzen zufügen, dir das Leben nehmen, dich einsperren und dir damit die Freiheit deines Willens rauben, das, was dich zum Individuum macht. Eingesperrt bist du zwar nicht tot, aber weniger als ein Tier. Wer diese Macht hat und sie über ein Territorium und alles, was sich darin bewegt, ausüben kann, der verfügt über ein Gewaltmonopol. Dieses Gewaltmonopol verleiht ihm nicht nur die Lizenz zum Töten und Bestrafen, sondern auch zur Geldvergabe, die Lizenz zum Gelddrucken. Dass alle Insassen des Territoriums dieses Geld nehmen und es als Zahlungsmittel gilt, verdankt sich der Hoheitsgewalt, die dahintersteht und es garantiert.

Laura: Dann könnte man also sagen, echtes, richtiges Geld repräsentiert nicht nur den Wert, der auf dem Geldschein steht, sondern auch eine Gewalt.

Ich: Genau. Geld und Gewalt sind zwei Seiten derselben Medaille. In unserer Zeit sind es nicht mehr Fürsten, sondern Staatsgewalten, die das Monopol und die Lizenz zum Gelddrucken und dessen Ausgabe haben. Früher, bei den alten DM-Geldscheinen, stand es sogar noch auf den Geldscheinen darauf: Wer Geld fälscht oder gefälschtes Geld in Umlauf bringt, wird bestraft.

Aaron: Deshalb sind moderne Scanner auch mit einem Geldkopierschutz ausgestattet.

Laura: Dann muss es aber auch eine Staatsgewalt geben, die es erlaubt, mir das Recht gibt, dass ich im Ausland mit Euro bezahlen kann.

Exkurs: Geld und Recht

Ich: Mit dem Recht verhält es sich ähnlich wie mit dem Geld. Die Gültigkeit, dass Geld etwas gilt, wird von der Staatsmacht gewährt, die das Geld in Umlauf bringt. An ihrer Staatsgrenze hört die bis hierhin garantierte Gültigkeit auf. Damit das Geld auch in anderen Staaten akzeptiert wird, muss der Staat sich mit den jeweiligen anderen Staaten, die ja auch Hoheit über ihr Geld haben, Absprachen treffen, bi- oder multilaterale Abkommen schließen. Der Zahlungsverkehr über die nationalstaatlichen Grenzen hinaus gilt nur so lange, wie die Abkommen nicht gekündigt werden. Reziprok verhält es sich mit dem Recht. Es gilt und reicht so lange wie die jeweilige Gewalt des Staates, der das Recht gesetzt hat. Alle übergeordneten Organisationen, die internationales

Recht sprechen wollen, berufen sich auf eine gemeinsame Absprache. In bestimmten Bereichen soll das nationale Recht auch international gelten. Es ist die staatlich wechselseitige Erlaubnis, das eigene Recht auch im anderen Staat gelten zu lassen. Das Recht kommt nur so lange zur Anwendung, solange sich die Staaten an die Vereinbarung halten wollen. Das tun sie im Allgemeinen, weil sie davon ausgehen, dass die erweiterte Rechtsgültigkeit zum Vorteil ihrer jeweiligen staatlichen Geschäfte ist. Wie wenig selbstverständlich das ist, kann einem an den Brexit-Verhandlungen auffallen.

Je mehr Gewicht, also Macht, ein Staat in das Rechtsabkommen einbringt, desto mehr kann er das Recht und dessen Auslegung bestimmen. Es gibt aber auch Staaten wie die USA, die sich multilateralen Abkommen entziehen bzw. sie für eine Schwächung ihres Rechts halten. Auf einem multilateralen Abkommen gründet zum Beispiel der Internationale Strafgerichtshof, der 1999 durch die Verabschiedung der sogenannten Rom-Statuten gegründet wurde. Nachdem genügend Staaten ihre Beteiligung zugesagt hatten, trat er 2002 in Kraft. Die USA haben diesen Vertrag nie ratifiziert, also unterschrieben. Für eine Weltmacht würde so ein Beitritt bedeuten, ihre Macht zu relativieren. Eine *Welt*macht, die ihre Macht von der Einspruchsmacht anderer Staaten abhängig macht, ist keine Weltmacht. Weltmacht zu sein bedeutet, *jedem* Anspruch gegenüber anderen Staaten mit einer überlegenen Gewalt Gültigkeit zu verschaffen. Eine Weltmacht wie die USA macht ihre Gewalt als Recht geltend, beispielsweise bei der Ankündigung des Internationalen Gerichtshofs, wegen des Verdachts begangener Kriegsverbrechen von US-Soldaten im Afghanistan-Krieg zu ermitteln. Die US-Reaktion darauf: Einreiseverbot von Richtern und Staatsanwälten, Einfrierung aller Konten, die mit dem Internationalen Gerichtshof in Zusammenhang stehen, jedes Unternehmen und jeden Staat bestrafen, das/der bei der Ermittlung gegen US-Staatsbürger behilflich ist. Einfrieren aller Konten, das heißt die Verfügbarkeit von Geld, das Ausgeben von Geld zu verbieten bedeutet, das Geschäftemachen zu verbieten. Eine höhere Strafe gibt es für einen Kapitalisten eigentlich nicht.

Lua: Berufsverbot für Kapitalisten, das hab ich ja noch nie gehört.

Laura: Dann ist letztendlich ein Weltgeld ein Geld von Weltmächten. Sie können bestimmen ob, wie und wo es gilt.

Bitcoin und Krypto-Währung

Ich: An dieser Stelle müssten wir uns eigentlich auch erklären können, was es mit dem sogenannten Bitcoin der Krypto-Währung auf sich hat.

Laura: In Bitcoins kann man Wert speichern, sie funktionieren als Tauschmittel und Recheneinheit. Insofern sehe ich erstmal keinen Unterschied zum Geld. Man kann es nicht mehr in die Hand nehmen, weil sie nur digital existieren. Insofern kann man es auch nicht drucken oder fälschen.

Ich: Ja, da ist der Name Programm. Bitcoins existieren als verschlüsselter Datenhaufen. Aaron, du bist doch Computerspezi. Was hat es technisch mit dem Krypto-Geld auf sich? Was bedeutet Block-Chain?

Aaron: Wie kann man das erklären? Alle Transaktionen, die in der digitalen Währung Bitcoin gemacht werden, müssen irgendwo verzeichnet werden. Das geschieht in einer Art digitalem Hauptkassenbuch.

Ich: So, wie es die alten Handelskaufleute, z.b. die Fuggers, die Baumwoll-Volkarts oder Buddenbrooks in ihren Kontoren liegen hatten?

Aaron: Ja, genau, jetzt aber mit dem entscheidenden Unterschied, dass es nicht mehr ein Buch ist, sondern viele Bücher. Jeder Bitcoin-Nutzer stellt mit seinem Computer ein Kassenbuch dar.

Ich: Also quasi mehrfach gespiegelt oder kopiert.

Aaron: Ja. Jeder Nutzer hat eine identische Kopie *aller* Transaktionen. Jede neue Transaktion wird fast simultan auf jedem Rechner verbucht. Dabei wird die vorherige Transaktion kryptografisch mit der aktuellen verwoben. Das ermöglicht allen Teilnehmern eine Nachprüfbarkeit der Gültigkeit. Schiebt jetzt jemand eine gefälschte Transaktion dazwischen, geht die Rechengleichung nicht mehr auf und ein Alarm wird ausgelöst.

Lua: Das bedeutet doch, dass man am Ende eine Speichertechnologie hat, die sich weder kontrollieren noch manipulieren lässt.

Aaron: Ja. Ist sie aber in Gang gesetzt, ist sie dezentral und autonom im Unterschied beispielsweise zu Suchmaschinen oder sozialen Netzwerken. Die tun nur so, als seien sie dezentral. In Wahrheit werden alle Daten zentral, d. h. an einem physischen Ort organisiert.

Nicole: Wenn die Block-Chain so innovativ ist, warum wird sie dann so wenig genutzt?

Aaron: Aus einem einfachen Grund: Das, was die Block-Chain zum Beispiel für die „Anarcho-Kapitalisten" interessant macht, also keine staatliche Einmischung in Angelegenheiten der Menschen als Marktteilnehmer, aber eben auch, dass es ohne Banken funktioniert. Eine der Ideen für die Krypto-Währung Bitcoin war, die Zentralbanken überflüssig zu machen. Also während die einen die systemische Autonomie gut finden, sehen die anderen darin einen Kontrollverlust. Sie misstrauen dem System.

Ich: Das ist ja auch verständlich. Wenn jemand kontrollieren will, braucht er auch die Möglichkeiten dazu. Im Falle von Geld ist es Macht, die für Kontrolle nötig ist. Die Geldhoheit liegt bei der Staatsmacht und ihren Institutionen. Das Gewaltmonopol des Staates wacht über das Monopol des Geldes, sein nationales Kreditgeld. Eine Währung wie der Bitcoin versucht, sich dem staatlichen Monopol und seinem Kontrollbedürfnis zu entziehen. Genau genommen ist der Bitcoin überhaupt keine Währung. Er repräsentiert zwar Zahlungsfähigkeit, aber sein Preisverhältnis hat seine Bemessungsgrundlage im echten Geld, womit wir wieder beim Stichwort Preise sind. Seinen Geldwert bekommt der Bitcoin übrigens durch Spekulation, Kaufen und Verkaufen, Angebot und Nachfrage. Da geht es zu wie auf der Börse und nach dem Börsengesetz.

Vielleicht lässt sich unser Exkurs so zusammenfassen: Erstens: Die Krypto-Währung unterscheidet sich von ihren Funktionen, Wertspeicher, Tauschmittel und Recheneinheit zu sein, nicht von herkömmlichem Geld.

Zweitens: Der Krypto-Währung liegt als Wertmaßstab das Preisverhältnis der staatsmonopolistischen Währung zugrunde.

Drittens: Spekulation, Kauf und Verkauf der Krypto-Währung an der Börse unterscheiden sich nicht von anderen Spekulationsobjekten, die an Börsen gehandelt werden.

Viertens: Umtausch von Krypto-Währung in staatsmonopolistisches Geld wie den Euro kosten Gebühren wie bei klassischen Banken auch.

Nicole: Wenn ich es richtig verstanden habe, ist der Bitcoin auch nur eine bargeldlose Bezahlmöglichkeit mit der Besonderheit der Verschlüsselungstechnologie.

Aaron: Deshalb Krypto-Währung. Von denen gibt es mittlerweile über tausend. Nur, wenn Facebook seine Kryptowährung Lipra einführt, entsteht mit einem Schlag aufgrund der Masse an Transaktionen ein Onlinebankmonopol. Wenn das Einkommen der Erwerbstätigen direkt für Konsumausgaben in den Onlinehandel eingespeist wird, dürfte das den klassischen Banken überhaupt nicht schmecken.

Lua: Die Reichen gehen sowieso auf Nummer sicher und horten Gold und Dollars in ihren Privatsafes. Der Schönwetterwährung Euro trauen sie im Ernstfall nicht, auch wenn sie es öffentlich nicht zugeben würden. Europa als „Schicksalsgemeinschaft" klingt ja auch im Vergleich zu „America first" schon ein bisschen mau.

Ich: Das grenzt jetzt schon ein bisschen an Verharmlosung, Lua. Staaten messen nicht nur ihren Reichtum in ihrem Geld, ihren Währungen. Geld ist das hoheitliche Mittel für Reichtum und wirtschaftlichen Erfolg. Das wird man sich durch eine Privatinitiative nicht aus der Hand nehmen lassen. Der Ausflug in den Bitcoin hat uns zumindest gezeigt, dass der Maßstab des Bitcoin seinen Bezug zu den Preisen in der analogen Warenwelt hat. Geld und Preis scheinen untrennbar zusammenzugehören. Aber wie? Schauen wir uns einmal einen Discounter an.

Der Reichtum der Gesellschaft: Lauter Preise – lauter Verbote

Ein Discounter eignet sich als Anschauungsmaterial deshalb so gut, weil er einen Warenkosmos unserer Warengesellschaft hat. Ob Unterhosen, Olivenöl, Eier, Smoothies, Mobiltelefone, Steaks oder Zahnstocher, die Vielfalt der Warenangebote scheint keine Grenzen zu kennen. Trotz der Vielfalt und Unterschiede gibt es aber eine Gemeinsamkeit aller Produkte.

Laura: Sie sind alle käuflich, also für Geld zu haben.

Ich: Genau. Dass man die Produkte kaufen kann, unterstellt, dass sie alle einen Preis haben. Das Preisschild ist eine gemeinsame Klammer. Das Preisschild verrät uns aber noch mehr. Es verrät uns, dass derjenige, der das Schild an das Produkt kleben lässt, auch die Befugnis dazu hat. Das Produkt gehört ihm und zu ihm. Indem er das Preisschild an das Produkt anbringen lässt, ist es für den Besitzer kein Produkt mehr, sondern eine Ware. Wenn das Produkt jedoch eine Ware sein soll, die man für den auf dem Preisschild angegebenen Preis käuflich erwerben kann, dann ist das Produkt auch als Ware für den Verkauf produziert worden. Also: Geld gegen Ware – Ware gegen Geld und Gewinn.
Das klingt erst einmal banal, heißt aber auch, dass der Produzent nur Dinge produziert, die sich als Ware verkaufen

lassen, weil seine Absicht darin besteht, das Geld für den Verkauf in die Hände zu bekommen. Im Umkehrschluss heißt das: Wenn die Produkte nicht als Waren verkäuflich sind, besteht auch kein Interesse, sie zu produzieren. Dem Produzenten geht es also darum, die Waren zu Geld zu machen. Dem Geld, das er nach dem Verkauf der Waren in den Händen hält, sieht man nicht mehr an, für welches Produkt bzw. welche Ware es hergegeben wurde. Die Ware wurde gegen Geld getauscht. Um seine Waren an die Frau oder den Mann zu bringen, damit sie gegen Geld getauscht werden, musste der Produzent die Produkte aber mit einer Nützlichkeit versehen. Wir als Käufer und Verbraucher haben ja kein Interesse, Waren zu kaufen, sondern wir wollen nützliche Dinge, die für unseren Alltag notwendig sind, ihn erleichtern oder sogar verschönern. Wir tauschen nur, weil es uns um den Gebrauch der Dinge geht, die zum Tausch gegen Geld angeboten werden. Am Preisschild stehen sich quasi Tauschwert und Gebrauchswert gegenüber und „gegenüber" ist jetzt nicht nur im wörtlichen Sinne gemeint, sondern im Sinne von: Der Käufer und Verkäufer stehen in einem Gegensatz zueinander. Der Verkäufer will möglichst viel Geld für seine Produkte haben, der Käufer will möglichst wenig für den Erwerb seines Gebrauchswerts hergeben. Dies nicht, weil er den Gebrauchswert geringschätzt oder von Natur aus geizig ist. Ganz im Gegenteil, für unsere Bedürfnisbefriedigung ist der Gebrauchswert, den wir für ein gutes Leben brauchen, geradezu notwendig, eben *Mittel* zum Leben.

Laura: So gesehen versteht man *Lebensmittel* in seiner ursprünglichen Bedeutung und nicht im Kontext mit verderblichen Waren für die Tafel.

Ich: Was mir an dieser Stelle noch einmal zusammenzufassen wichtig ist, ist:
Erstens: Das Preisschild repräsentiert einen Geldwert und beansprucht ihn auch.
Zweitens: An der Ware, die mit dem Preisschild versehen ist, stehen sich Käufer und Verkäufer gegenüber oder anders gesagt Konsument und Produzent. Im Discounter in Form des Händlers.
Drittens: Für den Produzenten ist die Ware ein *Tausch*wert, für den Konsumenten ein *Gebrauchs*wert. Tauschwert deshalb, weil der Produzent der Waren sich meistens Geld leiht, also Kredit aufnimmt. Den Kredit bekommt er nur, weil er damit verspricht, erfolgreich Geschäfte zu machen. Deshalb ist der Kredit sein Kapital und er, der es anwendet, der Kapitalist. Mit dem Kredit schafft oder mietet er Produktionsräume, kauft Maschinen, Arbeitsmaterialien, Werkzeuge, Energie und natürlich Arbeitskraft in Form von Lohn-/Erwerbsarbeit. Nach dem Verkauf der Waren möchte er wieder Geld in den Händen halten, und zwar mehr, als er vor dem Produktionsprozess ausgegeben hat. Ob der Produzent, der jetzt Kapitalist genannt werden kann, am Ende einen Gewinn, also einen Mehrwert erwirtschaftet hat, zeigt sich erst *nach* dem Verkauf seiner produzierten Waren. Dass der Kapitalist aber einen Anspruch auf den Gewinn erhebt, ist im Preis, der den Waren anhaftet, schon *vor* dem Verkauf festgeschrieben.
Wir können am Preis noch zwei weitere Bestimmungen entdecken, nämlich: Der Anspruch auf Gewinn, der mit der Nennung des Preises auf dem Preisschild festgeschrieben ist, gilt für uns Konsumenten, ohne dass man am Preis erkennen kann, wie oder woher der Gewinn oder Mehrwert erzeugt wurde. Für unsere Diskussion über ein bedingungsloses Grundeinkommen ist es wichtig festzuhalten, dass alle

Preisschilder zusammengenommen erstens einen Anspruch auf Gewinn, ein Mehr repräsentieren und zweitens zugleich den gesamtgesellschaftlichen Reichtum darstellen und dies inklusive der staatlichen Steuern. Die sind, wie es so schön heißt, eingepreist. Der gesellschaftliche Reichtum einer kapitalistischen Marktwirtschaft existiert jedoch, weil die Quelle des Reichtums „Arbeit, als das wertbildendes Element ist. Eine Eigenschaft, wodurch sie sich von allen anderen Waren unterscheidet."[18]

Aaron: Eigentlich müsste man doch sagen, dass der gesellschaftliche Reichtum zweimal existiert: einmal in der Summe aller Preise und das andere Mal als Summe verausgabter Arbeit. Denn *alles*, was der Unternehmerkapitalist für seine Produktion braucht, ist ja von jemandem vorher hergestellt worden, beinhaltet also nützliche Arbeit. Es wäre doch dann richtiger, wie bei uns im Kibbuz[19] den Reichtum als gemeinschaftliche Arbeit zu benennen.

Ich: Na klar beruht der Reichtum der Gesellschaft im Kapitalismus auf der Verausgabung von Arbeitskraft. Die ist als Preis der Arbeit auch in jedem Produkt vergegenständlicht. Selbst Roboter, die Roboter bauen, müssen von irgendjemandem entwickelt und gebaut werden. Im Unterschied zum Kibbuz geht es hier aber nicht darum, Gebrauchswerte zu produzieren und dafür ein Quantum notwendige gemein-

---

[18] MEW, Bd. 23, S. 563.
[19] Ein Kibbuz, auch Kwuza genannt, ist eine landwirtschaftliche Kommune oder Gruppe, deren Reproduktion auf gemeinsamem Eigentum an Produktionsmitteln und den gemeinsam erwirtschafteten Produktionserträgen beruht. Wer sich für die Geschichte und das Leben im Kibbuz interessiert, dem seien die Bücher *Eine Geschichte von Liebe und Finsternis* (2016) und *Unter Freunden* (2012) von Amos Oz empfohlen. Er wurde 2018 im Kibbuz Chulda beigesetzt.

schaftliche Arbeit aufzuwenden. Wir leben in einer Warengesellschaft. Da sollen die Waren so wenig menschliche Arbeit wie möglich beinhalten, weil die Arbeit *Lohn*arbeit ist, also Geld kostet. Zudem müssen die Waren mit so viel Nützlichkeit aufgeladen werden, dass ein Konsument, der ein Käufer ist, nach seinem privaten Kosten-Nutzen-Vergleich die Ware kauft. Und nur deshalb ergibt es überhaupt Sinn bei Arbeit von Wert zu sprechen. Wenn ihr eine Gartenparty organisiert, würdet ihr nie im Leben darauf kommen, euren arbeitsteiligen Einsatz für das Gelingen der Party als Wert der Arbeit zu besprechen.

Nicole: Für produzierte Waren und Produkte kann ich das nachvollziehen, aber was ist mit Wasser? Wasser ist doch eine natürliche Ressource, die nicht produziert werden muss und dennoch in Flaschen abgefüllt verkauft wird, also eine Ware ist.

Lua: Ja genau, eine echte Sauerei. Trinkwasser gehört allen. Die Privatisierung ist ein Verbrechen gegen das Menschenrecht.

Ich: Eben nicht, sonst könnte man es nicht in Flaschen abfüllen und verkaufen. Warum soll die *ausschließende* Verfügung, der Privatbesitz einer Wasserquelle als Geschäftsmittel, empörender sein als die *ausschließende* Verfügung über Grund und Boden als Privatbesitz?

Laura: Was ist mit Gesundheit? Die ist doch ebenso ein unverkäufliches Gut.

Ich: Das sind berechtigte Einwände. Ich möchte euch aber bitten, sie zurückzustellen. Die Erörterung von Wasser als Ressource, Gesundheit als Gut und sein Preis und

Menschenrechte als unveräußerlich führen uns vom Thema etwas weg, und ich möchte euch aus dem Stegreif auch keine unbefriedigende Antwort geben. Das ist ein Thema, das wir gesondert diskutieren müssen. Einiges klären wir, wenn wir uns über Seuchen und Volksgesundheit unterhalten.

Bedingungsloses Grundeinkommen II

Es ist noch einmal das Bedürfnis aufgekommen, über die Machbarkeit eines bedingungslosen Grundeinkommens zu diskutieren.

Halten wir noch einmal fest: Wenn die Quelle des gesellschaftlichen Reichtums auf Lohnarbeit beruht, dann steht ein bedingungsloses Grundeinkommen im Widerspruch dazu. Es stellt das Verhältnis auf den Kopf.

Wir können uns ja einmal ein paar Wirkungen anschauen. Was passiert denn, wenn der Staat jedem Bürger ein Grundeinkommen, sagen wir zur Vereinfachung, in Höhe von 1000 Euro gibt? Was bedeutet das?

Laura: Dann freuen sich die Kapitalisten über die zusätzliche Kaufkraft.

Lua: Die, die das Geld zur Verfügung haben, freuen sich natürlich ebenso.

Aaron: Die 1000 Euro wären zunächst zusätzliches Geld. In den Waren, die man für 1000 Euro kaufen kann, sind schon, wie wir von den Preisen her wissen, alle Kosten eingepreist, also auch der Lohn und die Steuern. Die Waren repräsentieren eigentlich die bisherige Kaufkraft.

Ich: Ganz genau. Wir hätten dann eine von Staatsseite initiierte Kaufkraft, die unabhängig von der vollzogenen Kaufkraft existiert, die in den Warenpreisen bisher schon repräsentiert wird. Solche staatlich indizierten Kaufanreize sind in Krisenzeit besonders beliebt. Ich erinnere an die „Abwrackprämie". Nun geht es beim bedingungslosen Grundeinkommen nicht um ein einmaliges zusätzliches, steuerfreies 13. Gehalt, mit dem man sich ein paar bescheidene Extras leisten kann und die Konjunktur anleiert. Mit dem bedingungslosen Grundeinkommen soll ja ein dauerhaftes Verhältnis eingerichtet werden. Es ist quasi die Vorwegnahme von Harz IV, nur dass der Betrag etwas höher ausfällt und klassenunterschiedslos vorweg ausgezahlt werden soll.

Das scheint Gegnern wie Befürwortern auch klar zu sein, denn nur so erklärt sich die Sorge der einen um die Machbarkeitsnachweise und der anderen um die Finanzierbarkeit. Ob Philosoph, Soziologe oder Wirtschaftswissenschaftler, sie eint das Bedürfnis um den Nachweis, dass das bedingungslose Grundeinkommen keinen Schaden an der Eigentumsgrundordnung verursacht oder verursachen wird. Vom Standpunkt dieser Sorge rückt die Finanzierbarkeit in den Fokus.

Lua: Das bedingungslose Grundeinkommen kann über Steuern finanziert werden.

Nicole: Oder über die Transaktions-, die Spekulationssteuern.

Ich: Was die Spekulationssteuer anbelangt: Glaubt ihr im Ernst, dass ein bürgerlicher Staat seine dauerhaft gesellschaftliche Reproduktion von Zockern abhängig macht, von den Launen eines Finanzkapitals, das mal da, mal dort zum Zocken hinspringt? Wo der Steuerbescheid zu einer Briefkastenfirma auf den Bahamas gesendet wird?

Nicole: Eher nicht.

Ich: So ganz scheint Herr Straubhaar seinen Berechnungen und Besteuerungsvorschlägen übrigens auch selbst nicht zu trauen. Denn er schreibt auch, falls es dennoch „zur Finanzierung notwendig sein sollte, könnte man eventuell die Mehrwertsteuer um wenige Punkte anheben." [20] Nach Corona fand die Regierung, dass eine vorübergehende Mehrwertsteuer*senkung* das probate Mittel zur Kaufkraftstärkung sein sollte – ein Hinweis darauf, dass die Mehrwertsteuer von den Unternehmern als preisbildend eingepreist ist und vom Konsumenten beim Kauf der Waren zu zahlen ist. Ob die Unternehmer die staatlich verordnete Steuersenkung an den Verbraucher durch Preissenkung weitergeben, obliegt ihrer Geschäftskalkulation, auf die es scheinbar schwer ankommt. Der vorübergehende Verzicht des Staates auf einen Teil seiner Steuern als Steuerungsinstrument verdeutlicht, das Steuerpolitik für die Aufrechterhaltung und Unterstützung des Privateigentums und die Förderung steuerpflichtiger Arbeitsplätze da ist. Kaufkraftstärkung ist hier das genaue Gegenteil eines BLG.

Aaron: Bleibt noch die staatliche Hoheit der Geldvermehrung. Der Staat könnte seine „Gelddruckmaschine" anwerfen.

Laura: Dauerhaft heißt das, dass der Staat mit seinem Kredit, also dem gedruckten Geld, unseren 1000 Euro pro Person in Form von Kaufkraft, den Kapitalisten ihre Waren abkauft bzw. subventioniert.

---

[20] Hamburger Abendblatt, 9.12.2017.

Ich: Dem staatlich spendierten „BLG-Kredit" steht zunächst kein zusätzlicher mehrwertproduzierter gesellschaftlicher Reichtum gegenüber. Der „BLG-Kredit" wäre fiktiv. Ob sich der Staatskredit zu weiteren Geschäftsgelegenheiten zum Beispiel eines Ökotransformationskapitalismus ausbauen lässt und damit zu Kapital, zu einem wachstumsförderlichen Geschäft, das würde sich schon herausstellen. Darum müssen wir uns aber nicht sorgen.

Nicole: Wie ist es dann zu erklären, dass selbst die Arbeitgeber ein Herz für das bedingungslose Grundeinkommen entwickeln?

Ich: Gute Frage. Worin besteht denn zurzeit die Zukunftsherausforderung für die Arbeitgeber, womit du wahrscheinlich die großen Konzerne meinst?

Aaron: Mit der Digitalisierung 4.0., der Umstellung der Industrie auf künstliche Intelligenz und Robotic.

Ich: Jetzt bringt mal 4.0 und ein Herz für das bedingungslose Grundeinkommen zusammen.

Lua: Die Kapitalisten wissen, dass 4.0 ein gigantisches Rationalisierungsprogramm ist, das massenhaft Arbeitslose erzeugt.

Aaron: Ganze Berufe überflüssig macht. Ich hab neulich einen Artikel von dem BLG-Autor Straubhaar zur Digitalisierung der Arbeitswelt gelesen.[21] Darin fordert er, die Beschäftigten von morgen müssten „flexibler sein, kurzfristige Arbeitslosigkeit nicht als Risiko, sondern als Chance

---

[21] Thomas Straubhaar in Hamburger Abendblatt, 23.4.2019.

begreifen und sich natürlich lebenslang fortbilden", um so immer wieder die Nützlichkeit für ihren Gebrauch an sich herzustellen.

Ich: Das ist ja mal eine ehrliche Auskunft! Ein Leben lang dienstbar sein für einen Dienst am Kapitalwachstum. Zumindest gehen Herr Straubhaar und die Unternehmer davon aus, dass die Arbeit, die sie dann anbieten, nur zu Preisen zu haben ist, die ein Leben vom Lohn überhaupt nicht mehr zulassen.
Das, was heute 4.0 heißt, ist auch nicht so ganz neu. Im letzten Jahrhundert hieß es schlicht: Automatisierung. Und vor der Automatisierung: Einführung der Maschinerie. Umwälzungsprozesse gibt es, wenn eine Neuorganisation und Umstellung der Produktionsmittel ansteht. „Durch Maschinerie, chemische Prozesse und andere Methoden wälzt sie [die Industrie, Anm. d. Verf.] mit der technischen Grundlage der Produktion die Funktionen der Arbeiter und die gesellschaftlichen Kombinationen des Arbeitsprozesses um. Sie revolutioniert damit ebenso beständig die Teilung der Arbeit im Inneren der Gesellschaft und schleudert unaufhörlich Kapitalmassen und Arbeitermassen aus einem Produktionszweig in den anderen." So viel von einem „Klassiker", der schon vor 150 Jahren erklärte, was es mit sogenannten Umwälzungsprozessen auf sich hat.[22]

Lua: Wow, könnte glatt heute geschrieben sein.

Ich: Es geht aber nicht darum, wann er das geschrieben hat, sondern dass es ein Bestandteil seiner Erklärung ist, warum das Kapital ständig unzufrieden mit dem Stand des Produk-

---

[22] MEW, Bd. 23, S. 511.

tionsprozesses ist und die Anwendung von „technischen Innovationen" die gesamte Gesellschaft durchdringt, auch wenn das Individuum gar kein Bedürfnis danach hat. Insofern war es falsch von mir, von Marx als einem Klassiker zu sprechen.

Das, was Herr Straubhaar als „Chance begreifen" propagiert, ist, um es noch einmal mit den Worten von Marx zu fassen, die absolute Disponibilität des Menschen für wechselnde Arbeitserfordernisse, das Teilindividuum, den bloßen Träger einer gesellschaftlichen Detailfunktion. Und wo wir gerade bei Straubhaar sind, was verheißt uns seine Forderung nach lebenslangem Lernen?

Aaron: Nach Fortbildung, in der man die Freiheit hat, seiner Neugier oder Neigung nachzugehen, klingt das jedenfalls nicht. Eher wie ein Zwang.

Ich: Und auch das hat Marx mit den Umwälzungsprozessen begründet. „Ein auf Grundlage der großen Industrie notwendig entwickeltes Moment [sind] Fachschulen",[23] auf die man dann gehen darf, wenn man zu einer Umschulung verdonnert wird, sofern man seinen Anspruch auf das bedingungslose Grundeinkommen nicht verlieren will. Wenn, ich nenn es einmal, Staat und Kapital sich einig darin sind, dass es so etwas wie ein steuerfinanziertes BGE geben soll, dann erstens deshalb, weil der Staat sicherstellen will, dass jederzeit eine verfügbare, nicht von Obdachlosigkeit und anderen Prekariatsmerkmalen betroffene einsatzbereite Arbeitnehmerreserve zur Verfügung steht, und zweitens diese permanent ihre Nützlichkeit für den Arbeitsmarkt oder anderweitige gesellschaftliche Anforderungen abrufbar hält und unter Beweis stellen muss. Nach guten Bedingun-

---

[23] MEW, Bd. 23, S. 512.

gen für eine gutes Leben klingt so ein Grundeinkommen nicht, eher wie eine Neuauflage von Hartz IV als 5.0 Bürgergeld, und bedingungslos ist es schon gleich gar nicht. Dass der finnische Staat sein BGL-Experiment, 2000 arbeitslosen Sozialhilfeempfängern zwei Jahre lang 560 € zusätzlich zu schenken, nicht weiterführen will, weil so gut wie niemand in den Arbeitsmarkt vermittelbar war, wundert nicht. Dass die wissenschaftliche begleitende Evaluierung als positives Ergebnis eine „bessere Mentalität" bei den Probanden festgestellt hat, wird nicht mit Schamesröte im Gesicht verkündet, was kein gutes Licht auf die Probanden wirft. Wer fünf statt drei Euro am Tag für eine gute Bedingung hält, dem hat die Gesellschaft schon einiges an Verrohung abverlangt.

Fazit: Wie immer das ausgeht, sein Volk unterschiedslos mit einem monatlichen „Gehalt" zu finanzieren, ändert nichts daran, das Volk als *dauerhafte Quelle* für Wachstum bereit und instand zu halten:
Ein Leben, um zu arbeiten, und nicht arbeiten, um zu leben.
Sich konstruktiv in die Debatte einzubringen, ob die Leute mit BGL noch arbeiten gehen oder wie es finanzierbar ist, verpasst, dass der Zwang zur Nützlichkeit und Dienstleistung für und am fremden Eigentum und Reichtum mit den paar Euros nicht aus der Welt sind. Ist es nicht eher ein erbärmlicher Hinweis, mit wie wenig man bereit ist, sein Leben unter Wachstumsvorgaben, bleibenden kapitalistischen Verhältnissen sowie einer staatlichen Bevormundung fortzusetzen und einzurichten?

Wachstum – weder Fluch noch Segen

Alles, was wir bisher zu einem bedingungslosen Grundeinkommen diskutiert haben, hat uns vor Augen geführt, dass die Ökonomie des Kapitalismus eine Gesetzmäßigkeit hat, deren Bedingungen in sie eingeschrieben sind. Zu seinen immer wieder zitierten Bedingungen gehört auch die Kategorie Wachstum. Wachstum wird sowohl als Chance als auch als Fluch gesehen. Als Diskussionsgegenstand wurde es 1972 vom Club of Rome mit der Veröffentlichung *Die Grenzen des Wachstums* in die Diskussion gebracht. Das Buch mit seinen Thesen wurde viel diskutiert. Seit der Veröffentlichung 1972 hat sich die Menschheit verdoppelt ...[24]

Laura: ... und der Konsum verzehnfacht inklusive Ausbeutung der Ozeane und vieles mehr bis zum jetzt für alle spürbaren Klimawandel.

Nicole: Mein Vater hat mir erzählt, dass es in den Siebzigerjahren eine Diskussion um das Treibhausgas FCKW gab, das in jedem Kühlschrank und in jeder Sprühflasche enthalten war. Obwohl man herausgefunden hatte, dass es die Ozonschicht, also den UV-Schutzschirm auflöst, wurde nichts unternommen. Erst als der Hautkrebs in die öffentliche Debatte gebracht wurde, hatte sich in den Achtzigerjahren etwas verändert. Zehn Jahre lang wurden Ursache und Wirkung für nicht relevant erklärt.

Ich: Und das Verbot für FCKW gab es auch erst dann, als es Ersatzstoffe für die Industrie gab, und soweit ich mich

---

[24] Club of Rome: Die Grenzen des Wachstums. Stuttgart 1972.

erinnere, Greenpeace einen FCKW-freien Kühlschrank vorstellte.

Aaron: Das heißt im Umkehrschluss, ohne Ersatzstoffe hätte die Industrie weiterhin das ozonschichtzerstörende Treibhausgas benutzt.

Ich: Daraus lässt sich die These ableiten, dass Erkenntnis und Wahrheit in einer auf Kapitalwachstum basierenden Gesellschaft immer erst dann gelten, wenn die Bedingungen für den Fortbestand des Geschäfts erfüllt sind. Also keine Atom- oder Kohlesteuer, Ein- oder Ausstieg, wenn das Wirtschaftswachstum nicht alternativ gesichert ist. Alternativ bedeutet erst einmal anders und nicht gut.
Die Frage, warum wir Wachstum brauchen, steht also noch immer im Raum. Was sind eurer Ansicht nach die Gründe für Wachstum?

Nicole: Bevölkerungswachstum. Jede Sekunde kommen durchschnittlich 2,8 Menschen auf die Welt. Für deren Lebenszyklus werden Ressourcen gebraucht.

Laura: Erhalt von Arbeitsplätzen.

Lua: Die Rente, deren Höhe ist an das Wirtschaftswachstum gekoppelt.

Aaron: Die Verteidigungsministerin freut sich, dass Bundeswehr und die Game-Branche wieder wachsen.

Ich: Gehen wir dem einmal nach. Nicole erzählt von Bevölkerungswachstum, Laura und Lua sprechen von Wachstum für Arbeitsplätze und Rente, also Wirtschaftswachstum, oder? Wir müssen uns also ansehen, was das ist, Wirtschaftswachstum. Hier geht es nicht um Wachstum, wie ihr es aus eurer Pubertät kennt, wo euch alle Klamotten zu klein wurden. Auch geht es nicht um Bedarfe, zum Beispiel, dass jede Familie, egal wo auf der Welt, zumindest eine Toilette braucht, also 2 Milliarden fehlende Kloschüsseln produziert werden müssen. Es wäre doch albern zu sagen, wir brauchen ein Wachstum an Kloschüsseln, damit jeder auf eine Toilette mit Wasserspülung gehen kann. Bedarfe, die wir in der Gesellschaft oder wo auch immer ausfindig machen, sind in der Regel Gebrauchsgegenstände, Dinge, die wir zum Leben brauchen, ob Klo oder Behausung, ob Nahrung, Pflegemittel oder Kleidung.

Laura: Klingt richtig doof – mein Bedarf an Anziehsachen muss wachsen.

Ich: Ja, und trotzdem, Wachstum wird wie ein magisches Zauberwort benutzt. Also, was ist dran? Das Motto der Kohlekommission, in der alle Vertreter der Wirtschaft und der Gewerkschaft repräsentiert sind, heißt dann zum Beispiel: Wachstum, Strukturwandel und Beschäftigung. Es gibt Wirtschaftstheorien, die davon ausgehen, dass du von Natur aus ein unersättliches Bedürfnis hast und nur dein knappes Geldbudget dich daran hindert, 100 Pullover zu kaufen.

Lua: Dann muss bei mir ein Gen-Defekt vorliegen. Als Kind habe ich mich mal, als meine Eltern weg waren, über unseren Nutella-Vorrat hergemacht. Mir ist nach einem Dreiviertel-XXL-Glas nur schlecht geworden. Da ging nichts mehr außer Kotzen.

Ich: Gehen wir der Sache auf den Grund. Über Waren und deren Produzenten haben wir schon gesprochen. Was also braucht ein Start-up?

Aaron: Eine Geschäftsidee, einen Steuerberater

Nicole: Ein Crowdinvestment.

Lua: Eine Location, Geschäftsräume.

Laura: Ein Team, Mitarbeiter.

Ich: Ja. Und da die Geschäftsidee beispielsweise ist, recyclebare Regenschirme herzustellen, braucht es auch Rohstoffe respektive Materialien und Maschinen sowie Zulieferer, Energie und so weiter. Festzuhalten ist an dieser Stelle schon einmal, dass unser Jungunternehmer alles, was er braucht, schon vorfindet. Alles ist schon käuflich zu haben. Es unterstellt einen fix und fertig eingerichteten Kapitalismus. Den muss man schon einmal als Voraussetzung mit seinen Wenns und Abers gut finden. Gilt übrigens genauso für Examenskandidaten, die sich mit ihrer Erfindung selbstständig machen wollen. Sogenannte Ausgründungen. Dass da dann ein Kicker steht, sich alle duzen und sich mit Ideen einbringen dürfen, ändert am Charakter des Zwecks gar nicht. Im Gegenteil, die natürliche Neugierde und die Lust am Ausprobieren werden als Produktivkraft für die Verwertung abgerufen.

Also, angetreten ist unser Start-up-Unternehmer nicht allein, weil er seine Geschäftsidee so geil findet, sondern weil er damit Geld verdienen will. Er hat also auch einen Businessplan, in dem er seine unternehmerischen Ziele für Umsatz, Gewinn und Wachstum festgelegt hat. Am Ende geht es also um Gewinn. Das Start-up-Unternehmen ist für unseren Unternehmer demnach die Quelle für seinen zukünftigen Reichtum. Von der Bewirtschaftung seiner Quelle, also des Regenschirm-Start-up-Unternehmens, hängt ab, was für sein privat verfügbares Vermögen übrig bleibt. Bis hierher noch recht übersichtlich, oder? Alle Bestandteile, die das Unternehmen für die Produktion der Regenschirme braucht, muss er kaufen und bezahlen. Auch wenn er die Lumpen, aus denen der Regenschirmstoff gemacht wird, fast umsonst bekommt, muss der Unternehmer sie aufwendig aufbereiten, um am Ende regenfeste bedruckbare Fasern zu haben. Seine Arbeiter und Angestellten bezahlt er über dem Mindestlohn und über Tarif. Das Geld, das der Unternehmer braucht, leiht er sich von der Bank und von der Familie. Für den Bankkredit muss er Zinsen zahlen. Wenn der Unternehmer, sagen wir mal, 1000 recyclebare Regenschirme produziert hat, hat er, bevor er auch nur einen Schirm verkauft hat, eine Menge Geld ausgegeben. Wenn er jetzt warten würde, bis alle Schirme verkauft sind, würde sein Unternehmen so lange brachliegen und Kosten produzieren. Was tut unser Unternehmer also?

Lua: Er leiht sich Geld, um weiterproduzieren zu können, obwohl er die bisher produzierten Schirme noch nicht verkauft hat.

Ich: Richtig. Im Idealfall hat unser Unternehmer alle Regenschirme verkauft und ein sattes Sümmchen auf seinem Geschäftskonto. Nachdem er nun alle Rechnungen beglichen und auch die Zinsen für den Überbrückungskredit und die Steuern bezahlt hat, sieht er, was für seinen privaten Konsum übrig bleibt. Reichtum sieht dann anders aus, aber für einen geleasten Audi A6 reicht es schon. Da unser Unternehmer seine Start-up-Quelle nicht nur einmal, sondern dauerhaft benutzen will, um den Gewinn zu generieren, steht er nun vor weiteren kaufmännischen Notwendigkeiten.

Er muss Rücklagen bilden, um Risiken auszuschließen bzw. abzusichern.

Laura: Was für Risiken? Dass er seine Schirme nicht los wird?

Ich: Jein. Unser Unternehmer hat alles wunderbar eingerichtet. Im nächsten Produktionszyklus stellt er fest, dass die Rohstoffe teurer geworden sind oder der Zoll für dringende Metallimporte erhöht wurde oder dass es einen regenarmen Frühling oder Herbst gab und die Leute einfach keine Regenschirme kaufen wollten. Kurz gesagt, er kann seinen Bedarf an Liquidität nicht genau berechnen und muss demnach den Fortgang seines Geschäfts gegen alle möglichen Eventualitäten absichern. Für unseren Unternehmer macht sich aufgrund dieser Bedingungen folgender Widerspruch geltend: Angetreten ist er wie gesagt, weil er mit seiner Geschäftsidee ein nützliches Produkt auf den Markt bringen wollte, um durch dessen Verkauf einen Gewinn zu machen, der ihm alle Freiheiten erlaubt, die man für Geld haben kann. Über Geld wissen wir aus unserer Gelddiskussion, dass es abstrakter Reichtum ist, der, wenn man ihn hat, dazu befähigt, alles zu kaufen, was die Warenwelt anbietet. Eine größere Freiheit hat der Kapitalismus nicht zu bieten. Unser Unternehmer muss jetzt feststellen, dass er von seinem beanspruchten Gewinn ständig etwas abgeben muss, um, wie anfangs schon gesagt, seine Quelle so zu bewirtschaften, dass sie bei allen Unwägbarkeiten weiterhin funktioniert. Wie kommt er jetzt aus seinem selbstgewählten Dilemma einer *relativen* Bereicherung heraus? Schließlich soll sein Gewinn eine große moderne Wohnung und andere Annehmlichkeiten ermöglichen. Das vorne im Produktionsprozess reingesteckte Kapital hat am Ende ja den Überschuss ermöglicht. Den Abzug für Rücklagen, Risikoabsicherung etc. von seinem Gewinn kann er wieder wettmachen, wenn er mehr investiert. Er weitet sein Geschäft aus, und dann bleibt bei erfolgreichem Verlauf auch ein größerer Teil Gewinn übrig. Sein neues unternehmerisches Ziel heißt fortan: Wachstum, Wachstum um des Gewinns willen. In dem quasi zusätzlichen Geschäft, 1500 statt 1000 Regenschirme zu produzieren, steckt nun Geld, das eigentlich Gewinn sein sollte. Dieses Geld muss sich jetzt erfolgreich im Produktionsprozess bis zum Verkauf bewähren. Es ist sein Kapital. So werden Wachstum und Wachstumserfolg zu einer betriebswirtschaftlichen Notwendigkeit. Der Gewinn, der aus der Erweiterung des Geschäfts hervorgeht, ist der Lohn für das Wachstum, das er als Unternehmer hervorgebracht hat. Diese Notwendigkeit zu wachsen ist einerseits eine *Beschränkung*, weil erst einmal Abzug vom Gewinn, andererseits garantiert sie unserem Unternehmer gleichzeitig seine *Bereicherung*. Ein Widerspruch, der aber zum gültigen gesellschaftlichen ökonomischen Prinzip erhoben ist. Wachstum, ein Mantra! Ihr seht also, es herrscht global eine gültige Ökonomie, die für sich betrachtet verrückt ist und alle möglichen Verrücktheiten hervorbringt!

Wachstum – Fazit

Laura: Wenn eine ganze Gesellschaft, ich meine, eine Volkswirtschaft, also jeder einzelne Unternehmer Wachstum als Notwendigkeit und damit auch als notwendiges Ziel verfolgen *muss*, um als Unternehmer dauerhaft am Markt mitmischen zu können, um am Ende Gewinn zu machen, dann kann man doch nicht von Profitgier als Motiv sprechen.

Ich: Oder man könnte den Schluss ziehen: Weil das ökonomische Prinzip des Kapitalismus Wachstum notwendigerwiese braucht, sind Gier oder, wenn man es so nennen will, Gewinnstreben, Profitmaximierung das treibende Motiv, weil es am Ende ums Geld geht. Das bedeutet, dass die zueinander in Konkurrenz stehenden Kapitalisten sich immer wieder aufs Neue den Marktbedingungen stellen mit dem Willen, die Konkurrenz für sich zu entscheiden, eben ein erfolgreicher Unternehmer zu sein, der seine „Mitbewerber" hinter sich lässt. Ein Reichtum, der in Geld gemessen wird, ist maßlos.

Nicole: Maßlos darin, weil Geld eine Verfügungsgewalt ausdrückt. Weil mit Geld oder für Geld alles käuflich ist?

Ich: ... und es *muss* in einer Warengesellschaft alles gekauft werden. Wenn Geldreichtum der Reichtum ist, der mir alles ermöglicht, mir auf alles Zugriff gewährt, kann ich von dem Stoff doch gar nicht genug bekommen. Wenn es um meinen persönlichen Bedarf geht, der etwas sehr Konkretes ist, kann ich ziemlich schnell überblicken, ob ich genug von der einen oder anderen Sache habe. Das Maß bemisst sich an meinem konkreten Bedürfnis.

Laura: Von dem Erfolg des Unternehmens hängt dann auch ab, wie der Staat sich am Gewinn durch Steuern für seine Zwecke bedienen kann. Der Staat muss von daher auch für Wachstum sein.

Ich: Auf der Prioritätenliste deutscher Politiker nach der EU-Wahl für die Zukunft Europas klingt das folgendermaßen: erst „Innovation und Wachstum", danach „Nachhaltigkeit und Klima."

Lua: Das ist doch verrückt, das ist maßlos. Kein Wunder, dass es beim Klimaschutz keinen verbindlichen Schutz gibt. Alle kapitalistisch wirtschaftenden Volkswirtschaften brauchen für ihr Wachstum immer mehr Ressourcen. Sie müssen die Natur und die Umwelt ausbeuten, weil sie wachsen müssen. Der Klimawandel ist damit so sicher wie das Amen in der Kirche. Außerdem erscheint es mir überhaupt nicht einsichtig, dass der globale Kapitalismus, der von „jeder gegen jeden" lebt, sich wegen des Klimas wie in einer Planwirtschaft auf ein Ziel einigen soll.

Aaron: Und allen Zielen haftet zudem auch ein Preisschild an. In der Klimapolitik geht es um Risiken im Verhältnis zu den Kosten. Es zählt also auch hier nur, was bezahlbar ist, und nicht, was wir uns wünschen oder vernünftig wäre. Ein Forscherszenario geht sogar davon aus, dass zukünftige Generationen reicher sind als wir jetzt. Deshalb können sie Klimaschäden leichter verkraften, weil leichter bezahlen. Deshalb wäre es vertretbar, dass die jetzige, also unsere Generation nicht die gesamte Last des Klimaschutzes zu tragen hat. Das meinen die nicht zynisch, das ist ihr voller Ernst. Dass der Reichtum zukünftiger Generationen dann auch nur mit Wachstum erreicht wird, wenn sie die Wirtschaftsweise nicht ändern, bleibt dabei außen vor.

Lua: Das gilt auch für die Klimasteuer. Auch sie unterstellt Wachstum. Das heißt doch, alle Volkswirtschaften müssten von Wachstum und Profitmaximierung auf Bedarf umstellen, um das Klima so zu stabilisieren, dass es für alle erträglich ist und für ein gutes Leben wirkt.

Nicole: Die Ausgangsfrage des Club of Rome nach den Grenzen des Wachstums müssten wir doch beantworten mit: Es gibt keine Grenze, außer wir definieren sie am Bedarf für ein gesundes, gutes Leben.

Ich: Ich halte noch einmal fest: Da nahezu alle Staaten global auf Marktwirtschaft setzen und ihre Staatshaushalte mit Ansprüchen auf Teile des Wachstums, aus dem Profit der Unternehmen finanzieren, heißt das auch, dass die Staaten um die Produktionsbedingungen für ein Wachstum auf ichrem jeweiligen Territorium konkurrieren und dafür Sorge tragen, dass Geschäfte auf ihrem Territorium stattfinden.

Nicole: Daher wohl der Begriff Standortpflege.

Aaron: Oder man ändert das Außenwirtschaftsgesetz und senkt, wie es amtlich heißt, somit „die Eingriffsschwelle der Regierung, um sicherheitsrelevante Unternehmen vor Übernahmen zu retten oder Schlüsseltechnologien zu fördern."[25]

Ich: Ja. Und wieder andere Staaten halten diese „Standortpflege" für einen Rechtsverstoß, eine unfaire Praxis, und drohen mit Handelskriegen. Dies ist jedoch ein Themenkomplex, den wir an anderer Stelle diskutieren sollten. Nur so viel: Handelskriege sind Wirtschaftskriege zwischen Staaten und nicht zwischen Handeltreibenden, und wenn ich dem zweiten Wortteil Beachtung schenke, heißt der *Krieg* und nicht Missverständnis. Handelskriege fangen immer mit Ultimaten und Erpressungen an, die eine offene Verlaufsform haben. Erpressungen sind dann am glaubhaftesten, wenn ich die Gewaltmittel habe, um sie wirksam gegen einen anderen Staat durchzusetzen. Im politischen Sprech Deutschlands heißt der Gegner „Systemischer Rivale, Achtung, der Chinese kommt"! Für die Nato ist China eine

---

[25] Hamburger Abendblatt, 19.9.2018.

Herausforderung. Wir müssen also gar nicht erst nach Amerika schauen.

Wachstum ist demnach eine sehr gewaltträchtige Angelegenheit und seine Apologeten gewaltbereit.

Wenn wir von „wir" sprechen, wer ist dieses „Wir" eigentlich?

Teil III

„Wir", das Volk

„Wir" – eine gewaltige Abstraktion

In unserem Erklärungsversuch, was die Bedingungen für ein gutes Leben sind bzw. welche dafür hinderlich sind, sind wir an einen Punkt gelangt, wo unser Blick auf andere Staaten globaler wurde. Wenn es die anderen gibt, dann gibt es auch ein Wir – für sich betrachtet banal: wir als grammatikalischer Ausdruck für eine Gruppe. Wir Diskutanten, wir Fußballfans, wir Rentner, wir Jungwähler, wir Aktivisten, wir Fridays for Future, wir Studierenden usw. Jede Zielgruppe oder jedes spezifische Interesse, zu der/dem sich mehr als eine Person als zugehörig bekennt, bekommt vorweg ein „Wir". Wodurch unterscheidet sich ein Rentner von einer Attac-Aktivistengruppe?

Laura: Ein Rentner beispielsweise gehört zur Gruppe der Rentner, weil er ein bestimmtes Alter erreicht hat und nicht mehr zu arbeiten braucht.

Ich: Das „Wir Rentner" sucht sich der Rentner nicht aus, sondern ist ein staatlicher Beschluss für einen Teil seiner Bevölkerung, der nicht mehr notwendig ein Einkommen erarbeitet und Wachstum generiert. Der Rentner gehört ohne sein Zutun einer demografischen Gruppe an. Anders der Aktivist: Er und seine Gruppe bestimmen den Inhalt ihres Handelns. Nur über den von ihnen bestimmten Inhalt wird die Gruppe zur Gruppe von Gleichgesinnten, zum Wir.

Lua: Na klar, wegen meiner Überzeugung suche ich mir meine Mitstreiter aus. Ich will, dass sie meine Überzeugung teilen und wir gemeinsam für unsere Überzeugung kämpfen.

Ich: Wie verhält es sich, wenn du mit deinen Gleichgesinnten an einer Demo unter dem Motto „Laut und bunt" oder „Gegen Umweltvergiftung – für Kohleausstieg!" oder „Herz statt Hetze!" als Kampftitel gegen Umweltverbrechen teilnimmst? „Laut und bunt" z. B. klingt eher wie eine Einladung zum Karneval nach dem Motto „Mitmachen und dabei sein!". „Wir sind viele", die für die Reduzierung von CO_2 sind, und deshalb haben wir auch ein Recht auf Berücksichtigung. In der Regel erklären sich dann Politikerinnen und Politiker als gewählte Volksvertreterinnen und -vertreter für zuständig, die sich auf keinen Fall dem „Druck der Straße beugen" werden. Unter den „Wir viele" kann es dann durchaus sein, dass vor dir eine Frauengruppe für die Unversehrtheit des menschlichen Lebens, also gegen Abtreibung demonstriert, hinter dir eine Gruppe, die für ein faires TTIP-Abkommen ein Transparent hochhält, während auf deinem Transparent steht: „TTIP nirgendwo, G20 muss weg!" Es kann jetzt das Paradoxum entstehen, dass du nach außen in der medialen Aufmerksamkeit als „bunt und viele" wahrgenommen wirst und innerhalb der Demo dein politischer Gegner mit dir demonstriert, der dich bei anderer Gelegenheit bekämpft und für kriminell hält. Ein „Wir" in fragwürdiger Gesellschaft.

Lua: Ja, das stimmt schon. Aber warum soll man nicht partielle Bündnisse eingehen?

Ich: Meinst du, aus taktischen Gründen, weil es deiner Sache dient?

Lua: Ja, genau.

Nicole: Find ich auch.

Ich: Dazu kommen wir gleich. Ich möchte vorher noch ein weiteres „Wir" vorstellen. Vielleicht trägt es zur Beantwortung der Frage bei. In einem Beitrag, den eine junge Flüchtlingsfrau im Rahmen einer Schreibwerkstatt verfasste, steht Folgendes: „Ich merke, dass wir nicht frei wählen können, was wir tun und lassen sollen. Bei der Geburt haben wir weder unser Aussehen, unsere soziale Schicht, unsere Religion noch unsere Heimat ausgewählt. Auch unsere Väter und Mütter haben wir nicht ausgewählt. All dies stand uns nicht zur Auswahl."[26] Eine ganze Menge „Wir" in dem zitierten Absatz. Na und, könnten wir sagen, trifft doch auf alle Menschen zu. Die Autorin hat bewusst die Wir-Form und nicht die Ich-Form gewählt. Sie möchte also schon etwas grundsätzlicher verstanden werden. Das „Wir" könnte verkürzt für „wir Menschen" oder auch für „wir Flüchtlinge" stehen. Was folgt denn aus „All dies stand uns nicht zur Auswahl"? Soll das vielleicht heißen: Das ist halt unser Schicksal, oder „Obwohl ich mir das alles nicht ausgesucht habe, befinde ich mich in einer Situation des Elends, musste ich flüchten, um mein Leben zu retten. Ich bin Opfer und nicht Täter!" Es könnte auch der Gedanke dahinter stecken: „Wie wäre mein Leben verlaufen, wenn ich zum Beispiel andere Eltern gehabt hätte und in einem anderen Land zur Welt gekommen wäre?" In der Regel sind das jedoch Fantasien von Kindern, die sich vorstellen, in einem freundlichen Haushalt zu leben,

---

[26] taz, 26.10.2018.

mit einem Papa, der einem Prinz ähnelt und seiner Tochter ein Pony mit rosa Schleife schenkt. In Hollywood-Filmproduktionen werden farbige Kinder von reichen bürgerlichen Paaren adoptiert, sie dürfen aufs College, Karriere, machen und ihren Adoptiveltern viel Freude bereiten.
Zu der Aufzählung der Schreibwerkstattautorin von Bedingungen, die sie sich nicht aussuchen konnte, gehört auch Heimat. Was ist Heimat?

Exkurs: Auszug aus Brechts Flüchtlingsgesprächen[27]

Ziffel: „Es ist mir immer merkwürdig vorgekommen, dass man gerade das Land besonders lieben soll, wo man die Steuern zahlt. Die Grundlage der Vaterlandsliebe ist die Genügsamkeit, eine sehr gute Eigenschaft, wenn nichts da ist.

Kalle: Die Vaterlandsliebe wird schon dadurch beeinträchtigt, dass man überhaupt keine richtige Auswahl hat. Das ist so, als wenn man die lieben soll, die man heiratet, und nicht die heiratet, die man liebt.
Warum, ich möchte zuerst eine Auswahl haben. Sagen wir, man zeigt ein Stück Frankreich und einen Fetzen gutes England und ein, zwei Schweizer Berge und was Norwegisches am Meer, und dann deut ich drauf und sag: das nehm ich als Vaterland; dann würd ich's auch schätzen. Aber jetzt ist's, wie wenn einer nichts so sehr schätzt wie den Fensterstock, aus dem er einmal heruntergefallen ist.

Ziffel: Das ist ein zynischer, wurzelloser Standpunkt, der gefällt mir."

---

[27] Bertolt Brecht: Flüchtlingsgespräche. Erweiterte Ausgabe. Berlin 2019, S. 73.

Heimat ist ein Sehnsuchtsort, wo es keine Gegensätze gibt bzw. wo Gegensätze und Schicksalsschläge in der Gemeinschaft aufgelöst werden und man sich mit dem Ort verbunden fühlt, weil man mit und in ihm aufgewachsen ist.

Lua: Oder Heimat ist ein Territorium, das von einer Gewalt mit allen beweglichen und unbeweglichen Dingen in Besitz genommen und als exklusive Sphäre betrachtet wird.

Ich: Was Lua hier anmerkt, sind im modernen Sinne Staatsgewalten, und die exklusiven Sphären sind Nationalstaaten. Die Exklusivität wird durch Grenzen markiert. Die Eingrenzung bedeutet zugleich eine Ausgrenzung, je nachdem, auf welcher Seite der Grenze man sich gerade befindet. Nun sagt niemand, er sei ein Territorialer oder Exterritorialer. Die Sprachregelung heute heißt: Inländer bzw. Ausländer. Dass bedeutet, je nachdem, auf welcher Seite der Grenze ich geboren wurde und gerade lebe, bin ich entweder ein Inländer oder Ausländer. Und da Eingrenzen und Ausgrenzen in einem Gegensatz zueinander stehen, der nur durch staatliche Gewalt aufrechterhalten und abgesichert werden kann, wurden und werden diese Grenzen auch immer wieder mal verschoben. Dann kann es sein, dass ein Inländer plötzlich zum Ausländer oder ein Ausländer plötzlich zum Inländer wird. So kommt es, dass der Urgroßvater Franzose, der Großvater Deutscher und der Vater wieder Franzose oder Däne oder Pole ist. Das sind in dem Fall, wo Deutsche zu Ausländern werden, sogenannte deutschsprachige Minderheiten. Also um wieder auf unsere Schreibwerkstattautorin zurückzukommen: Ausländer oder Inländer zu sein, kann man sich nicht aussuchen, sondern man wird per Staatsgewalt zu einem Inländer bzw. Ausländer respektive Deutschen oder Franzosen gemacht. Die jeweilige Staatsgewalt bezeichnet die auf ihrem Territorium lebenden Menschen nicht als „meine Inländer", sondern „mein Volk" oder „unser Volk". Großvater, Mutter, Vater und Kind sind dann nicht die Familie Müller, Meier oder Nehlsen, sondern ein Teil des deutschen Volkes. Die Müllers sind jetzt nicht mehr die Müllers aus Saarlouis, sondern die Müllers als Bestandteil des deutschen Volkes. Eine gewaltige Abstraktionsleistung im wahrsten Sinne des Wortes: vom Individuum zum Volkskollektiv. Hat jemand einen Einwand?

Nicole: Mit dieser Volkssortierung, die scheinbar nach jedem Krieg vorgenommen wird, ist doch eigentlich der Grundstein für Nationalismus und Rassismus gelegt. Warum übernehmen die Menschen, die zu Staatsbürgern gemacht werden, die Kriterien der Sortierung? Sie könnten doch auch sagen, sie wollen weder aus- noch eingegrenzt werden, sie wollen weder diesem noch jenem Volk angehören, sie wollen, wenn überhaupt, sich selbst gehören.

Ich: Die Volkssortierungen sind nicht das Resultat von Kriegen, sondern ihre Voraussetzungen. Es sind doch Gebilde mit einer Volkszugehörigkeit, die in den Krieg ziehen. Wenn wir das ernst nehmen, was wir unter dem Thema freier Wille besprochen haben, dann könnten die (Staats)bürger zu solchen Überlegungen kommen. Tun sie aber in der Regel nicht. Es muss ihnen also etwas daran einleuchten, Teil eines staatlichen Volkskollektivs zu sein. Wenn jemand die Tatsache, dass er qua Gesetz, das nur von einer Staatsgewalt ausgehen kann, gegen seinen Willen zum Deutschen gemacht worden ist, zu dem Befund verdreht, er sei nicht zum Deutschen *gemacht* worden, sondern er *sei* ein Deutscher, es sei also seine Natur, Deutscher zu sein, müssen wir uns diese Verdrehung genauer anschauen. Auf jeden Fall lässt sich an dieser Stelle schon sagen: Dieser Bürger hat sich freiwillig und ohne Not in das nationale Kollektiv eingeordnet und beschlossen, in den Kategorien der ausschließenden Zugehörigkeit des Kollektivs zu denken. Indem ich sage, ich bin Franzose oder Deutscher, tue ich so, als sei meine Nationalität, die ja ein Akt der politischen Gewalt ist, eine Eigenschaft meiner Individualität. Dieses Sich-„Eingemeinden", also Teil eines Staatskollektivs zu sein, begründet dann auch ein „Wir": „Wir Deutsche", „Wir, das deutsche Volk". In dem „Wir Deutsche" sind die Unterschiede und Gegensätze, die die Müllers, Meiers und Nehlsens haben, aufgehoben. Und nicht nur das. In „Wir Deutsche" ist auch schon „Die anderen" mitgedacht, also Bürgerinnen und Bürger von der anderen Seite der Grenze, die Exterritorialen, die Ausländer, die nicht zu unserem Volk, nicht zu unserem „Wir" gehören. Bemerkenswert ist, dass die Menschen auf der anderen Seite der Grenze sich durch das gleiche Verhältnis von Staatsgewalt und Kollektiv auszeichnen. Sie, die anderen, sind als Volk ja auch von einem Staat und ebenso mit dem freiwilligen Bekenntnis zu ihm vereinnahmt, Franzosen halt.

Aaron: Wie ist es, wenn man zwei Staatsbürgerschaften hat? Dann beanspruchen doch zwei Staatsgewalten die Zuständigkeit?

Ich: Du sprichst damit eine Besonderheit des zwischenstaatlichen Verkehrs an. Aus Opportunitätsgründen verleihen Staaten Bürgern aus anderen Staaten eine zweite Staatsbürgerschaft. In der deutschen Fußballnationalmannschaft spielen eben deutsche Fußballer, dafür muss man eben auch einer sein. Also wird man zu einem gemacht.

Gastarbeiter tragen für ein nationales Wirtschaftswachstum im Gastland bei und liefern dem Geburts-Heimatland Devisen, mit denen das Land dann die Produkte kaufen kann, die die Gastarbeiter im Gastland „auf Rechnung" des fremden Staates produziert haben. Doppelte Staatsbürgerschaft könnte man in jedem Einzelfall jetzt durchdeklinieren. Fakt ist, wenn ich Diener zweier Herren bin, verspreche ich mir von beiden Herren etwas. Dann kann es schon einmal passieren, dass ein türkischer Präsident seine im Ausland lebenden Staatsbürger im dortigen Fußballstadion zusammentrommelt, damit sie ihn in der „zweiten Heimat" wiederwählen, obwohl sie ihre Steuern in Deutschland ablieferten. Das erklärt aber nur noch einmal, dass man sich zu dem, wozu man per Definition gemacht wird, noch persönlich stellen muss. Den Gedanken, im kollektiven Wir mit seinen Interessen aufgehoben zu sein, muss man sich schon noch selbst machen.[28]

Festhalten können wir in unserem Webinar, dass sich unser Gruppen-Wir aus einem ganz konkreten, selbstgesetzten Inhalt speist, ein „Wir", das wir jederzeit wieder auflösen können. In einem nationalen „Wir" sind alle konkreten, individuellen Inhalte aufgelöst: Wir sind Volk.

Aaron: Und wie ist das „Wir sind das Volk" der Ossis zu bewerten?

Ich: Die wollten ihrer politischen Führung mit ihren „Wir sind das Volk"-Demonstrationen zu verstehen geben, dass sie dem Willen des Volkes nicht mehr genügend Grundlagen verschafft, damit es ein gutes, sozialistisches, demokratisches Volk sein kann. Die „Ossis" hatten ja gar keine Kritik

---

[28] Freerk Huisken: Flüchtlingsgespräche 2015ff. : Über demokratische Ausländerfeindlichkeit und völkischen Nationalismus, linke Heimatliebe und weltoffenen Patriotismus. Hamburg 2020.

daran als Volk von einer Führung für die Nation vereinnahmt zu werden. Sie fanden ihre Führung inkompetent, gemessen an den ihnen Versprochenem und den Resultaten. Ihnen ist die Systemkonkurrenz quasi vor die Füße gefallen.

Nicole: Wie meinst du das: vor die Füße gefallen?

Ich: Der Osten, also die Ostblock-Staaten, die während der DDR-Zeit sozialistisch oder kommunistisch waren, wollten dem kapitalistischen Westen beweisen, dass sie das bessere System sind. Systemkonkurrenz nannte man das. Wenn ich meine gut gemeinte soziale Absicht mit der Existenzberechtigungsfrage meines Staates verknüpfe und sie im Vergleich mit den kapitalistischen Staaten beweisen will, dann bekomme ich ein Problem, wenn die „Errungenschaften" ausbleiben, weil sie dem Vergleich nicht standhalten. Kapitalistisch produzierter Warenreichtum ist eben grundsätzlich verschieden von der planwirtschaftlichen Güterproduktion wie er im real existierenden Sozialismus praktiziert wurde. Das meine ich an dieser Stelle gar nicht wertend. Genauso, wie wir uns die Verrücktheiten der kapitalistischen Wirtschaftsweise angesehen haben, könnte man auch die Widersprüchlichkeiten eines „alternativen DDR-Kapitalismus" ansehen, der „real existierender Sozialismus" hieß. Wenn ich immer nur vergleiche, was die haben und was wir haben, ohne dabei auf das *Preisschild* zu schauen, auf *die Kosten der Freiheit*, die die Gesellschaft oder das Individuum für die Güter und die Freiheit bezahlen muss, ja, dann drücke ich mir wie ein kleines Kind die Nase am hell angestrahlten Schaufenster platt, in dem die Erfüllung all meiner Sehnsüchte ausgestellt ist, dann fühle ich mich angesichts der Mangelwirtschaft in meinem Land von meiner Führung enttäuscht, dann reichen ein paar Bananen und ein Begrüßungsgeld von

XY DM, um von der einen Herrschaft zur anderen überzulaufen. Möglich ist so ein Fahnenwechsel, das Überlaufen von einer Nation zur anderen nur, weil es die gleiche Fahne war: schwarz-rot-gold. Wie so ein Fahnenwechsel an der mexikanisch-US-amerikanischen Grenze aussieht, ist euch ja bekannt. „Wir sind das Volk" ist der Einklagtitel für eine sachgerechte Benutzung als Volk für einen erfolgreichen Staat. Da diese die DDR-Führung nicht erfolgversprechend vorgenommen hat, hat sie es sich bei den rübergemachten Bürgern vergeigt.

Laura: Ja, aber hätte die DDR überhaupt die Alternative gehabt, es zu einem richtigen Sozialismus zu bringen?

Ich: Das weiß ich nicht, zumal ich auch gar nicht weiß, was ein „richtiger Sozialismus" sein soll. Zumindest hatten sie für einen Moment der Geschichte die Freiheit, sich die Freiheit, die sie sich ersehnt hatten, zu nehmen. Sie hätten ja auch zu dem Schluss kommen können, wir machen das jetzt alles mal „ordentlich", inkl. Reisefreiheit. Wir haben in unseren Diskussionen erst einmal klargestellt, was der Preis der Freiheit an dieser Stelle ist, was alles, gemessen an einem sorgenfreien Leben, falsch oder kritikabel ist. Um es in einem Bild auszudrücken: Wenn ich die natürliche Schönheit will, dann passt es auf jeden Fall nicht, immer auf die aufgebretzelte Primadonna zu schielen. Entweder oder.

Nicoles Frage nach dem Grund, massenhaft Volk sein zu wollen, das Bürger-sein-Wollen für eine gute Bedingung zu halten, um ihr Leben zu gestalten, ist damit noch nicht beantwortet.

Nicole: Ja, und sich als Volk zu definieren, gibt es auch ohne Staatsgrenzen. Schon in der Bibel wird vom Volk Moses gesprochen.

Ich: Und wir reden hier von Nationalstaaten und nicht übe Völkerkunde. Die Bibel, geschrieben von einem Autorenkollektiv als Referenz für den Allergrößten, ist für die Erklärung von modernen Völkern ab dem 19. Jahrhundert eher ungeeignet. Die Bibel scheint mir eher eine Handreichung für Mord und Totschlag, Neid, Missgunst und Unterwerfung zu sein, was sich mit „Volk" nicht ausschließt und Herrschaft unterstellt.²⁹ Wenn wir aber einen Blick auf eine Zeit zurückwerfen wollen, bevor es moderne Nationalstaaten mit dem entsprechenden Volk gab, dann können wir uns gern einmal mit Utopien wie Platons Staat, der immerhin vor Christi Geburt lebte, also bevor die christliche Religion zur Weltreligion wurde, befassen.

Lua: Ja, das würde mich auch interessieren. Immerhin berufen sich die modernen Demokratien auf die Griechen als deren Erfinder.

Ich: Klären wir zunächst die Frage, wie ein nationales „Wir" zur zweiten Natur des bürgerlichen Individuums wird und warum es diese zweite Natur, also „Wir Deutsche", für eine gute Bedingung für ein „gutes Leben" hält und befürwortet.

---

[29] Wer glauben will, der hat sich entschlossen. Wenn interessiert, wie die Projektion, Reflexion und erneute Projektion funktionieren und wie daraus über Jahrtausende eine Erlösungsideologie erwachsen ist, wie z. B. aus einer *jungen Frau* als Fehler der Übersetzung eine *Jungfrau* wird und welche Tragweite dieser Fehler hat, dem sei der teilweise humorvolle Analyseversuch der Autoren Carel van Schaik und Kai Michel mit ihrem *Das Tagebuch der Menschheit. Was die Bibel über unsere Evolution verrät* (Reinbek 2016) empfohlen.

Wir erinnern uns an unsere Schreibwerkstattautorin, die aufzählte, was alles sie sich nicht ausgesucht hat: Geburtsort, Eltern, Religion und so weiter. Mit der Geburt bist du nicht einfach nur ein Neugeborenes, das zu einem Individuum heranwächst, sondern du bist ein Rechtssubjekt in einem Staat. Das Personenstandsgesetz regelt, dass deine Eltern oder bei deiner Geburt Anwesende binnen einer Woche das Kind offiziell beim Staat anmelden. Wird dies unterlassen, gibt es die Androhung einer Geldstrafe im vierstelligen Bereich. Für das Kind gilt dasselbe, wenn die Eltern sterben und ihr Tod nicht angezeigt wird. Alles, was das Leben von der Wiege bis zur Bahre auszeichnet, ist in Gesetzen festgeschrieben. Immer, wenn ich ein Bedürfnis befriedigen will oder ein Interesse verfolge, gibt es eine Verordnung oder ein Gesetz, das mir vorgibt, was erlaubt und verboten ist. Einmal abgesehen davon, dass der Staat schon während der Schwangerschaft Anspruch auf „die Frucht deines Leibes" anmeldet, greifen nach der Geburt auf dem Weg vom Krankenhaus nach Hause die Straßenverkehrsordnung, das Beförderungsgesetz, das Wegegesetz, dann das Mietrecht, die Hausordnung, die Feuerstättenverordnung und, wenn du den Kühlschrank aufmachst, das Lebensmittelrecht und, wenn du auf das Neugeborene anstoßen möchtest, das Betäubungsmittelgesetz, und natürlich ist der Staat an deinem Genuss auch mit der Sektsteuer beteiligt. Kurzum, allem, was du tust oder tun willst, geht ein staatliches Gebot, ein Erlass oder Gesetz voraus.

Laura: Mit dem Paragraf 218 erhebt der Staat schon einen Anspruch auf den Fötus im Mutterleib. Mit dem Recht auf Leben ist dann wohl Recht auf das Leben eines zukünftigen deutschen Staatsbürgers gemeint. Wie es mir als betroffener Schwangeren geht, ist wohl zweitrangig.

Lua: Du wirst eben nicht als Mutter, sondern als *deutsche* Mutter beurteilt. Deshalb ist der Einwand von Frauenrechtlerinnen „Mein Bauch gehört mir!" auch matt.

Ich: Die von mir eben aufgeführten Gesetze und Verbote sollen dafür stehen, dass unsere gesamten Lebensbedingungen in unterschiedliche Rechtskategorien, Personenrecht, Zivilrecht, öffentliches Recht, Strafrecht, in Erlaubnisse und Verbote gefasst sind. In der deutschen Nachkriegsverfassung machte dies 146 Artikel aus. Daher meine Thesen:

Wenn die Gewalt des Staates in allen Verordnungen und Gesetzen allgegenwärtig ist, dann unterstellt dies ein fix und fertiges staatliches Gewaltmonopol, dem die Bürger Respekt zollen, und das dafür Sorge trägt, dass ich mich als Privateigentümer in die Gesellschaft einbringe.

2. Wenn alle Lebensbereiche, alle Bedingungen und Notwendigkeiten im Recht manifestiert sind, dann manifestiere ich auch alle gesellschaftlichen Gegensätze durch das Recht.

Aaron: Kannst du dafür einmal ein Beispiel geben?

Ich: Lua, du als zukünftiger Jurist müsstest doch ein anschauliches Beispiel nennen können.

Lua: Das heißt, dass nur weil man keinen Sheriff sieht oder bei uns keine Militärpolizei Straßen kontrolliert, die Gewalt nicht in der hinterletzten Ecke gilt.

Zur zweiten These fällt mir der Artikel 3 des Grundgesetz ein. Da heißt es: Alle Menschen sind vor dem Gesetz gleich. Männer und Frauen sind gleichberechtigt. Niemand darf wegen seines Geschlechts, seiner politischen Anschauung und so weiter benachteiligt oder bevorzugt werden.

Nicole: Da lachen ja die Hühner. Frauen verdienen durchschnittlich 20 % weniger als Männer für die gleiche Arbeit! Und das nicht erst seit gestern. Verfassungsbruch von Beginn an.

Ich: Oder man gelangt zu der Einsicht, dass die rechtliche Gleichstellung der Menschen in der marktwirtschaftlichen Gesellschaft eine dauerhafte Aufgabe ist, weil durch die hiesige Produktionsweise und die dazugehörige Gesellschaftsform Ungleichheit ständig neu reproduziert wird. Die Forderung „gleicher Lohn für gleiche Arbeit" ist keine Parole, die neu ausgerufen wird. Nach mehr als 200 Jahren Kapitalismus und 70 Jahren Grundgesetz ist die Parole nach wie vor hoch aktuell. Im Artikel 3 Grundgesetz steht „niemand *darf* benachteiligt werden" und nicht „niemand *wird* benachteiligt". Der Fortschritt des heutigen Rechts im Unterschied von vor 200 Jahren besteht darin, dass Frauen vor Gericht gegen Benachteiligung klagen dürfen. In einem Prozess können sie den Egalitätsverstoß nachweisen, um den gleichen Lohn wie ihre männlichen Kollegen zu erhalten. Dass auch dieser erstrittene Lohn nicht für ein gutes Leben reicht, wird im Egalitätsartikel nicht behauptet, nicht einmal, dass er für überhaupt etwas reichen muss.

Nicole: Was heißt, dass die Frauen in der Frauenbewegung unter Berufung auf diesen Artikel auch nicht zu einem selbstbestimmten guten Leben kommen.

Ich: Das wirft meines Erachtens die prinzipielle Frage auf, ob das Sichberufen auf staatlich legitimierte Rechts*titel* ein

Instrument zu Beförderung meiner privaten, individuellen Wohlfahrt ist.

Lua: Die Grundlagen unserer Verfassung wurden immerhin in der Französischen Revolution erkämpft. Freiheit, Gleichheit und Brüderlichkeit als oberste Prinzipien gab es in dieser Form schließlich nicht für alle Volksteile.

Ich: Für eine Gesellschaft von Bürgern war das neu, stimmt. Aber ohne jetzt die Französische Revolution zu thematisieren, die Menschen damals waren berauscht von deren Prinzipien – Freiheit, Gleichheit, Brüderlichkeit – und ihrer neuen Verfassung. Diese Prinzipien sind auch die Grundlage für die preußische und österreichische Verfassung geworden und damit auch für unsere heutige, zumindest im ideellen Sinne. Jeder konnte sich unter den Prinzipien etwas für ihn Gutes, Hoffnungsvolles für die Zukunft vorstellen, etwas, was nichts mehr mit dem alten Herrschaftsverhältnis vor der Revolution zu tun hatte.

Als Zeitzeuge hat Karl Marx in der Zeitschrift *Notes to the People* 1851 die Konstitution der französischen Republik nach der Juni-Revolution Artikel für Artikel, Paragraf für Paragraf kommentiert.[30] Sein Fazit: Jede Bestimmung enthält ihre eigene Antithese. Er rät dem Volk, auf die Details und nicht nur auf die vorangestellten Prinzipien zu achten. Zu diesem Zeitpunkt war er selbst noch ein Idealist, der glaubte, es ginge um die Prinzipien, und sprach daher beim „Kleingedruckten" von Trickserei. Erst Jahre später hat er sich mit den Idealen der Französischen Revolution erneut auseinandergesetzt und kam zu anderen Befunden. So stellte er die These auf, ob nicht mit dem Postulat der Gleichheit

---

[30] MEW Bd. 7, S. 494 ff., in [''Notes to the People" Nr. 7 vom 14. Juni 1851].

die Ungleichheit festgeschrieben sei, und er fragte sich, ob es nicht ein Recht auf Ungleichheit geben müsste, damit alle gleich sein können. Zur Freiheit fiel ihm auf, dass sie doch einen Haken haben muss, wenn sie gewaltsam aufrechterhalten wird. Und zum Ideal Brüderlichkeit, für die Marx und Engels ihr Leben lang gelebt haben, musste Marx in den 1850er-Jahren erkennen, dass Brüderlichkeit dann überflüssig wird, wenn man sich in der Sache einig ist und aus dieser *gewussten* Einigkeit heraus gemeinsame Zwecke verfolgt. Sich gegen ein Unrecht zu bekennen ist nicht dasselbe, wie es aus der Welt zu schaffen.

Nicole: Das verstehe ich jetzt nicht. Wenn ich mich mit anderen Aktivistinnen und Aktivisten, die auch für ein Recht auf Selbstbestimmung bei Schwangerschaft und Abtreibung sind, solidarisiere, verfolgen wir doch einen gemeinsamen Zweck.

Ich: Einmal abgesehen davon, wer der Adressat für das einklagbare Recht auf Selbstbestimmung sein soll: Wenn du gemeinsame Zwecke bzw. Interessen verfolgst, dann ist mein Interesse gleich deinem Interesse und umgekehrt. Wieso sollte ich mich dann mit mir selbst verbrüdern bzw. „vergeschwistern"? Nach meiner Erfahrung pocht man immer dann besonders auf Solidarität, wenn man trotz des bewussten Gegensatzes in der Beurteilung des Interesses, nämlich unterschiedlicher Standpunkte, also eines vermeintlichen gemeinsamen Zwecks, eine *nicht* vorhandene Gemeinsamkeit als Gemeinsamkeit demonstrieren will. Diese Gemeinsamkeit erschöpft sich dann in Slogans wie „Wir sind bunt und viele" oder „gleiche Rechte für alle Menschen".

Lua: Bei so einem Slogan möchte ich gar nicht so genau wissen, wer neben mir auf dieser Demo läuft.

Nicole: Ob ich mit 500 oder 50 000 demonstriere, macht doch einen Unterschied in der medialen Aufmerksamkeit. 50 000 Menschen auf der Demo kann ich doch nicht ignorieren!

Ich: Da gebe ich dir recht, aber wofür stehen die 50 000 Teilnehmer?

Nicole: Sie stehen dafür, von der Politik endlich gehört zu werden.

Ich: Ganz genau, und gehört ist was anderes als erhört. Die Politiker sagen den Demonstranten, dass ihre Warnung angekommen ist und sie sich kümmern werden. Und auch das EU-Parlament ruft den climate emergency aus und sagt, man sehe das Problem.

Laura: Und rausgekommen beim Kümmern ist ein Klimapaketchen. Und was die Solidarität anbelangt: Letzte Woche habe ich einen Artikel in der *TAZ* zur Großdemo von „Ende Gelände" und „Fridays for Future" mit der Überschrift „Wir lassen uns nicht spalten" gelesen. Zwei Tage vor der Demo war von einem FFF-Sprecher zu lesen: „Wir haben unterschiedliche Forderungskataloge und wünschen uns von Ende Gelände ausdrücklich **keine** Aktionen von zivilem Ungehorsam."[31] Wer so etwas sagt, der hat die Spaltung doch schon im Kopf parat, wenn es nicht nach seinen Vorstellungen und Parteilichkeit abläuft. Die spalten sich selbst, sind aber immer dann solidarisch, wenn die Presse nette Worte über sie schreiben soll.

---

[31] Hamburger Abendblatt, 28.11.2019.

Lua: Devoter geht es doch kaum noch, wer un*gehorsam* sein will, teilt doch schon den Standpunkt von Gehorsamkeit und Unterordnung.

Ich: Er will zumindest mit seinem Ungehorsam ein Recht einklagen, dem er guten Gewissens wieder Respekt zollen kann. Es ist eigentlich eine Demonstration, die sagt: Lieber Staat, wenn du so Handelst, dann machst du es mir schwer ein folgsamer, treuer Staatsbürger zu sein und das willst du doch nicht, oder?

Aaron: Im Übrigen ist Solidarität heute sowieso eine Worthülse. I like it reicht schon und Solidaritätslisten kannst du mittlerweile schon in Supermärkten unterschreiben. Wir selbst sind doch ein gutes Beispiel für einen gemeinsamen Zweck. Wir leben in unterschiedlichen Städten, engagieren uns in verschiedenen Gruppen und haben uns in diesem Webinar zusammengeschlossen, um uns Klarheit darüber zu verschaffen, wie ein gutes Leben möglich wäre – ob z. B. das bedingungslose Grundeinkommen dafür taugt. Dass jemand sich von euch mit mir solidarisiert, kann ich nicht entdecken. Ich bin dafür, dass wir an dem Punkt der staatsrechtlichen Bevormundung weitermachen. Ich glaube nämlich, dass, wenn das uns vorgegebene Rechtssystem uns alles vorschreibt, man dann nur die Möglichkeit hat, das zu akzeptieren oder abzulehnen. So wie es bei Teilzeitarbeit keine Teilzeitmiete gibt, gibt es auch nicht ein bisschen Recht oder halbes Recht. Die Frage ist für mich: Warum akzeptieren wir die staatlichen Vorgaben wie ein natürliches Gesetz? Klar können wir die Ideale der Französischen Revolution alle mit unseren positiven Vorstellungen aufladen. Aber die Relativierung durch das Kleingedruckte, die Details, wie du das bei Marx zitiert hast, bekommen wir doch jeden Tag über die Medien als für unser Leben in der Demokratie existenziell mitgeteilt.

Ich: Ein Wort noch zur Solidarität, bevor wir zur Rechtsordnung und Rechtsstaatlichkeit kommen. Wer sich für die Verkehrsberuhigung seiner Wohnstraße oder gegen die Schließung seines Lieblingsschwimmbads engagiert und Unterschriften sammelt bzw. Solidaritätslisten unterschreibt, soll das tun. Er soll nur nicht seinen persönlichen Einsatz für ein privates (Reproduktion)Interesse mit einem politischen Kampf verwechseln.

Was unsere heutige Verfassung anbelangt, befinden sich dort die sogenannten Details in den Unterpunkten. Dort heißt es dann: Im Rahmen des ... oder: Näheres regelt ... Aber lasst uns zurückkommen auf Marx' These der Ungleichheit, vielleicht gibt sie uns Auskunft auf Aarons Frage. Mit Marx' These erreichen wir jetzt einen wichtigen Punkt in unserer Überlegung für das von euch angestrebte sorgenfreie, gute Leben. Was ist denn das normale Urteil eines bürgerlichen Mitmenschen über die Gesetze, die er befolgen soll?

Lua: Ein Regelwerk, das das Zusammenleben der Bürger ermöglicht, um Kollisionen zu vermeiden. Rechtsstaatlichkeit, um Willkür auszuschließen.

Ich: Bei Regeln denkt jeder gern an die rechts-vor-links-Regel im Straßenverkehr, die er für praktisch hält. Für praktisch werden erst einmal alle gesetzlichen Gebote gehalten. Die Regelungen erlauben mir mein praktisches Fortkommen, meinen persönlichen Materialismus. Ich kann lieben, wen ich will und wo ich will. Ich kann mir den Ort aussuchen, an dem ich leben will, meinen Beruf selbst wählen, kein Gesetz schreibt mir vor, ob ich zur Miete, in einer Eigentumswohnung oder in einem Eigenheim wohnen möchte. Ich kann mehrere Autos, Handys etc. haben, in den Urlaub fahren, wohin es mir passt. Kurzum: Ich habe die Freiheit, all das zu tun, und die Gesetze schützen mich bei all diesem Tun. Ich bin kein Sklave, ich bin keiner, der Frondienst leisten muss, ich bin an keine Zunft und an keine Kaste gebunden. Ich habe also die Freiheit, alles im Rahmen der erlaubten Regeln zu tun und zu lassen. Diese Regeln sind keine Abmachungen wie in einem Spiel, keine Spielregeln wie sie manchmal genannt werden, sondern Gesetze, kurzum: Ich habe die Freiheit, alles zu tun und zu lassen, was die Gesetze mir erlauben oder verbieten. Gesetze haben aber nur Sinn, wenn es eine Gewalt gibt, die erstens auf deren Einhaltung besteht und achtet und dabei zweitens gleichzeitig von einer ständigen Regelverletzung ausgeht. Welchen Schluss kann man daraus ziehen?

Laura: Per Gewalt, die hinter dem Recht steht, bekommen wir quasi eine Lizenz, uns um unser Leben zu kümmern. Gewalt bedeutet aber auch Machtausübung und Zwang.

Ich: Politiker nennen den Willen zur Machtausübung eher Gestaltungswille und Gestaltungsspielraum.

Laura: Wenn ich aber zu dem, was ich eigentlich tun will, gezwungen werde, es also auch tun soll, dann ist die Freiheit, die ich habe, eigentlich erzwungen, dann bin ich ihr verpflichtet. Freiheit und Pflicht stehen doch eigentlich aber in einem Gegensatz zueinander?

Ich: Eine Idee dahinter ist: Wenn ich die Gewalt, also die Verpflichtung, selbst bestelle, damit sie über meine Freiheit wacht, dann kürzt sich die Gewalt respektive Zwang raus.

Die Methode, die hinter dieser Idee steht, heißt: Herrschaftsbestellung per Wahlen durch das Volk. Das Ergebnis dieser Methode heißt Demokratie, griechisch übersetzt: Herrschaft durch das Staatsvolk. Mit dem Mehrheitswahlrecht und seiner Anwendung habe ich meine Herrschaft selbst bestellt. Zumindest können wir an der Stelle einmal festhalten, dass unsere Idealvorstellung von Freiheit, frei zu sein von jeglichem Zwang und jeglicher Gewalt, in unserem Alltagsleben in einem Rechtsstaat so nicht gilt und auch nicht vorgesehen ist. Da heißt es: Freiheit ist so bedeutend, das mit ihr Verantwortlich umgegangen werden muss, Freiheit muss ständig verteidigt werden.

Lua: Im Gegenteil, es muss gelten: Freiheit ist gleich Staatsgewalt, und Staatsgewalt ist gleich Freiheit.

Ich: Das ist zwar etwas verkürzt, aber der Sache nach läuft es darauf hinaus. Die staatliche Macht sieht sich als Garant der Freiheit. Freiheit und Zwang widersprechen sich – ein sogenannter Widerspruch in sich. Nur so existiert Freiheit aber in der bürgerlichen Gesellschaft. Wie von Aaron schon gesagt, ist es eine konzessionierte Freiheit – eine zugestandene Freiheit. Dieser Widerspruch, wie immer man ihn kulturhistorisch erklären oder begründen will, bleibt ein Widerspruch. Gern wird an dieser Stelle auch als Rechtfertigung für staatliche Gewalt das Bild „Der Mensch ist des Menschen Wolf" bemüht – die Staatsgewalt als Schutz vor der triebhaften Gewalt der Menschennatur. Zugestandene Freiheit heißt auch, dass der erlaubte Erfolg für ein materielles Wohlergehen in diesem Widerspruch begründet ist. Das, was ich soll, will ich auch, weil ich keine Alternative zum Bestreiten meines Lebensunterhalts habe. Ich stehe einem mit staatlicher Gewalt abgesichertem und eingerichteten

Eigentumsverhältnis gegenüber. Ich habe mich *entschlossen*, die Alternativlosigkeit positiv zu meinem Lebensprogramm zu machen. Wenn wir diesen Widerspruch benennen können, könnten das andere doch auch? Trotzdem schreit keiner auf. Es muss also noch weitere Bestimmungen von Freiheit geben, die diesen Widerspruch negieren, zumindest relativieren.

Laura: Aber das ist doch masochistisch, erzwungene Freiheit.

Ich: Mit der charakterlichen und rechtsidealistischen Ausformung eines Willens, dessen Freiheit so beschaffen ist und sich so betätigt, befasst sich nicht zufällig ein extra Berufsstand, dessen Gegenstand die Psychologie des bürgerlichen Individuums ist.[32] Lasst uns an dieser Stelle aber noch einmal kurz bei der Gleichheit verweilen. Ihr kennt doch sicherlich das Spiel Monopoly. Wie, meint ihr, würde das Spiel ausgehen, wenn ein Spieler schon vorab im Besitz der Parkstraße, Schlossallee und eines Bahnhofs wäre? Mit diesem Beispiel möchte ich jetzt keine Diskussion über Vor- oder Nachteile führen. Es geht mir an dieser Stelle um den Wunsch nach Gleichheit, die Ungleichheit zur Voraussetzung hat. Wenn Gleichheit über das Recht dauerhaft

---

[32] Ein auf Gewalt und Zwang beruhender Wille des Mitmachens und Aushaltens, gepaart mit dem Anspruch auf Erfolg und Glück trägt die Übergänge des Verrücktwerden in sich.
Krölls geht in seiner *Kritik der Psychologie* (2016) systematisch den „Erfindungen" eines Berufsstandes nach, deren Grundlage die *Unversöhnlichkeiten* einer modernen Klassengesellschaft sind. Einem Berufsstand, der vom Wunsch beseelt ist, den „betroffenen" Individuen die Teilhabe an ihrem Staatsbürgerdasein zu ermöglichen, ohne die Gegensätze, die der Grund für eine Störung oder einen Defekt sind, aufzuheben.

gefordert wird, also institutionalisiert ist, dann lässt dies den Schluss zu, dass dauerhafte Ungleichheit unterstellt ist. Das klingt doch widersprüchlich. Wenn die Gleichheit in der Freiheit besteht, mein materielles Fortkommen genau mit den Mitteln zu bestreiten, die ich zur Verfügung habe, dann ist die Verteilung der Mittel, der gesellschaftliche Reichtum, unterstellt. Und zur Verfügung haben bedeutet jetzt nicht Car-Sharing oder Ähnliches. Es geht um die Mittel, die mir als Quelle oder Ressourcen, was das Gleiche ist, zur Verfügung stehen, und zwar ausschließlich! Wir reden hier vom real existierenden Kapitalismus. Da geht es nicht um Eigentum wie Zahnbürsten, Smartphones, Fernseher, Wohnmobile oder sonst irgendwelche Gebrauchsgegenstände. In unserer modernen Welt geht es um Eigentum von Produktionsmitteln, um Fabriken, Containerschiffe, Grundeigentum, Kapital- und Geldreichtum auf Bankkonten und in Tresoren.

Von der Wiege bis zur Bahre. Die Tragik des notwendig falschen Bewusstseins

An dieser Stelle können wir festhalten, dass der Staat uns die Bedingungen zum Leben ermöglicht und einräumt. Indem wir diese Bedingungen als Chancen und Möglichkeiten für unser persönliches Fortkommen im Leben betrachten und ergreifen, *ist* der Staat unser Lebensmittel. Es scheint uns daher nicht nur folgerichtig, sondern zwingend geboten, Partei für den Staat zu ergreifen. Er ist unsere Existenzbedingung. Neben dem, dass wir Bürger sind, die sich um ein „gutes Leben" kümmern, sind wir jetzt auch bewusst Staatsbürger, politische Bürger. Karl Marx spricht an dieser Stelle vom notwendig falschen Bewusstsein. Das Notwendige ist demnach kein Naturgesetz, sondern ein konsequentes parteiliches Denken. Weil der Staat die Bedingung für unser

Leben ist, machen wir diese Prämisse zum Ausgangs- und Endpunkt all unseres Denkens. In einem Bild gesagt: „Die Hand, die mich füttert, die beiß ich nicht." Nur wer es wagt, das infrage zustellen, der hat eine echte Chance auf Veränderung. Wir reden an dieser Stelle nicht von *dem* Staat, sondern vom *bürgerlichen* Staat, der Bürgerdemokratie, deren Geschäftsordnung ihre Verfassung ist. Der Schluss, der nach staatsbürgerlichen Diskussionen des Für und Wider gezogen wurde, lautet in der Regel deshalb auch ...

Lua: ... Die Demokratie ist nicht perfekt, aber unter allen Staatsformen die beste unter den schlechtesten. Damit ist auf jeden Fall auch ausgedrückt, Staat muss sein.

Ich: Stimmt, und als Beweis für das Gute im Schlechten gilt, dass der Staat die Ausübung seiner Staatsgewalt nicht als Despot, sondern durch Wahlen legitimiert. Laura nannte das vorhin Herrschaftsbestellung durch Wahlen. Durch die Wahlen werden aber auch die in den vorherigen Kapiteln besprochenen Gegensätze, die das staatliche Handeln in der Gesellschaft hervorruft, kanalisiert. Zur Erinnerung: Wirtschaftswachstum als oberste Prämisse staatlichen Handelns, zu dem jeder mit den ihm zur Verfügung stehenden Mitteln beiträgt, die einen mit Eigentum an Produktionsmitteln, die anderen mit ihrer Arbeitskraft, zwei Klassen, eine Gesellschaft, ein „Wir". Indem wir als Bürger im Akt der Wahl sowohl der Herrschaft als auch der Methode zustimmen, sind wir zugleich von der Herrschaft, die wir wählen, ausgeschlossen. Wie das?

Nicole: Moment mal! Es gibt aber auch noch alternative Formen der Mitbestimmung und Partizipation an der Gesellschaft, zum Beispiel Basisdemokratie, Volksentscheid, Sozialismus.

Lua: Nicht zu vergessen die Utopisten und italienischen Anarchisten und Kommunisten.

Ich: Also gut, ich schlage vor, dass wir uns bei unserem nächsten Termin mit der Frage von Herrschaftsausschließung sowie anderen Staatsformen und Staatsideen auseinandersetzen. Ich werde exemplarisch staatstheoretische Beispiele heraussuchen. Ob diese uns bei der Frage weiterhelfen, werden wir am Ende der Referate und Diskussionen sehen. Ich möchte euch aber bitten, euch noch einmal eingehend mit den Protokollen des bisherigen Seminars auseinanderzusetzen, sodass wir nicht hinter den Stand der Diskussion zurückfallen. Sollten daher Fragen, Ergänzungen oder Einwände auftauchen, dann bitte wie gewohnt per E-Mail oder beim nächsten Webinar vorab einbringen. Unser nächster Termin ist, wenn ich das richtig notiert habe, heute in drei Wochen in unserem Seminarhaus im Wendland. Wir gehen dann noch einmal auf Wahlen und Wahlversprechen ein. Bis dahin macht's gut!

Wahlen, Wahlversprechen/Wahlprogramme: Wenn Mehrheiten wehtun und Minderheiten das erdulden müssen

Ich: Ich hoffe, ihr hattet Gelegenheit und Zeit, euch mit den von mir versendeten Texten zu Idealstaatskonzepten auseinanderzusetzen. Bevor wir gleich in die Texte einsteigen, möchte ich noch auf einige eurer Kommentare zur politischen Willensbildung und zu den Wahlen eingehen. Also: Neben der bedingungslosen Zustimmung im Wahlakt hat Nicole noch einmal auf den Widerspruch der Mehrheitswahl hingewiesen: einerseits den Kandidaten bzw. die Partei wählen, der/die mein Interesse vertritt, andererseits: wenn mein so personifiziertes Interesse nicht mehrheitlich vertreten ist, ist es egal. Mein angemeldetes, delegiertes Interesse zählt nicht mehr. Ich bin überstimmt. Laura hat das Beispiel der Interessensvertretung angeführt. Eine Parteivorsitzende wurde nach der Wahl von einer Reporterin gefragt, ob sie es nicht bedenklich findet, von 49 Prozent der Delegierten *nicht* gewollt zu sein. Sie grinste in die Kamera und sagte: Mehrheit ist Mehrheit.

Zunächst aber zu Aarons Kommentar zur Methode der Herrschaftsbestellung durch Wahlen, wie sie in den westlichen real existierenden Demokratien Praxis ist. Aaron hat angemerkt, dass die unterschiedlichen Parteien in einer Demokratie vor den Wahlen sogenannte Wahlversprechen machen. Die Wahlversprechen, gleichgültig ob sie eingehalten werden oder nicht, versinnbildlichen ein Prinzip. Das Prinzip nämlich, dass die Vielfalt der Bürgerwillen zur Einheit mit dem Staatswillen über die politischen Parteien hergestellt wird. Gegensätzliche Erwartungen der Bürger ergeben sich schon notwendig aus ihrer Klassenzugehörigkeit. So sind zum Beispiel Unternehmer für die Senkung der Rentenversicherungsbeiträge, die Angestellten und Arbeiter für die Erhöhung des Arbeitgeberanteils. Die Energielobby will die Kohlemeiler länger laufen lassen, die Gegner wollen einen sofortigen Stopp des Kohleabbaus. Diese gegensätzlichen Erwartungen kann man nicht in einem Topf einschmelzen. Im Staatsprogramm sollen diese Gegensätze nach der Wahl überbrückt sein, dann natürlich als Sachzwang des Regierens.

Der Wahlakt selbst ist die Anerkennung des freien Willens des bürgerlichen Individuums. Der bürgerliche Staat macht die Legitimation seiner Herrschaft von der Zustimmung seiner Bürger im Wahlakt abhängig. Das ist sein grundlegendes Prinzip, das gleichzeitig, ohne auf die Taten zu schielen, für ihn sprechen soll. Die Verlängerung heißt: Weil du wählen darfst, ist es auch deine Pflicht.

Aaron hatte nun die Idee, die Zustimmung, also das Ankreuzen der Partei oder des Herrschaftspersonals, von konkreten Wahlversprechen, von Taten, abhängig zu machen – quasi auf dem Wahlzettel als echten Wählerwillen dazuzuschreiben – wieder verworfen. Warum? Aus der Praxis wissen wir, dass alle kommentierten Wahlzettel für ungültig erklärt werden. Die Zustimmung zur Herrschaftsbestellung erfolgt im Wahlakt bedingungslos. Das Volk übereignet seine Souveränität dem Staat. Da die Interessen der unterschiedlichen Bevölkerungsgruppen, wie am Beispiel Rentenversicherung gezeigt, unversöhnlich sind und bleiben, stellt sich regelmäßig die Enttäuschung des Wählers nach der Wahl, wenn regiert wird, ein. Für den Staat ist es, gerade weil er seine Legitimation vom abstrakt freien Willen seiner Bürger abhängig macht, wichtig, periodisch – bei uns bisher alle vier Jahre – die Zustimmung zu sich als Staat erneuern zu lassen. Die Wahlbeteiligung seiner Bürger gibt ihm die Zustimmung zu seiner demokratischen Herrschaftsausübung zu erkennen.

Lua: So gesehen wäre ja nicht der AfD-Wähler eine Gefahr für die Demokratie, sondern der Nichtwähler. Der hat beschlossen, seine Souveränität bei sich zu lassen. Er ist nicht einmal Protestwähler.

Ich: Bedingt. Der Nichtwähler kann ein Nichtwähler sein, der sich von der Herrschaftsbestellungsmethode nichts mehr verspricht. In der Regel ist es jedoch ein enttäuschter Wählerwille, der auf ein besseres Angebot für seine Zustimmung hofft. Grundsätzlich befindet so ein Enttäuschter „die da oben" oder „die da drüben" schon für zuständig. Mit neuen Parteien oder Parteiprogrammänderungen gelingt dies in der Regel ja auch. So kann eine ehemalige Protestpartei zur Volkspartei werden.

Aaron: Ja, wenn man von der Nein-Sager zur Jein-Sager zur Ja-Sager-Partei wird oder den Einstieg in den Umstieg für den Ausstieg aus der Atom- oder Kohlepolitik beschließt. Wenn selbst ein Altkanzler die Ökos mittlerweile konservativ findet, müssen sie ja eine Mainstream-Volkspartei sein.

Ich: Das klingt jetzt ein bisschen so, als seist du enttäuscht. Eine Partei, die sich als Alternative eben auch mit einem alternativen Wachstumsprogramm in die Parteienkonkurrenz um die politische Macht begibt, bestreitet weder Wachstum noch Konkurrenz. Bei ihr heißt es dann beispielsweise „nachhaltiger Ökokapitalismus" oder „grüne Industriepolitik". Natürlich wird man dann beim Staatmachen, dem Regieren, ziemlich schnell auf die Drangsale und Abhängigkeiten gestoßen, die ein erfolgreiches staatliches Wachstum ausmachen. Wenn ich in der Regierungsverantwortung bin, erklärt mir ein altgedienter Staatssekretär schon mal in einem Vieraugengespräch, dass Alternativprogramme, ob Elektromobilität oder der Schutz des Schierlingfenchels, letztendlich von den Schlüsselindustrien und auch von der Rüstungsindustrie mitfinanziert werden. Diese und andere „Wahrheiten" musst du dann wieder deiner Wählerschaft mit alternativen Rechenmodellen oder dem Drohen noch schlimmerer Übel plausibel machen. Genauso wie ein SPD-Sozialstaat kein Arbeiterparadies war und ist, wird ein kreislaufbasierter Ökokapitalismus mit auf Fleisch verzichtender Wählerschaft die Gesetze des Kapitalismus nicht außer Kraft setzen. Rhetorik gehört zur politischen Willensbildung. Man könnte sagen: Je mehr Drangsale ich als Partei beim Staatmachen, bei seiner Bewirtschaftung habe, desto abstrakter wird meine Rhetorik gegenüber dem Volk.

Lua: Bei den GRÜNEN gibt es eigentlich eine geniale Arbeitsteilung. Realos und Fundamentalisten werfen sich gegenseitig die Bälle zu und egal, in welchem Feld der Ball liegen bleibt, am Ende gewinnt immer die Partei.

Ich: Am Ende gewinnt immer die Staatsräson. Gestritten wird um das kleinere Übel. Dass Übel sein müssen, ist und bleibt unterstellt.

Nicole: Eigentlich wäre es doch praktisch, wenn alle in der Gesellschaft statt Politiker zu wählen die Dinge aufschreiben, die ihnen wichtig für ein gutes Leben sind. Dann hätte man am Ende eine Wunschliste der Bedürfnisse, die die zur Umsetzung Gewählten dann organisieren könnten.

Aaron: Technisch ist das jedenfalls für Waren kein Problem. Die großen Online-Versandhändler haben ja schon eine praxistaugliche algorithmusbasierte Verteilungslogistik. Innerhalb von 24 Stunden kriegt jeder geliefert, was er bestellt hat.

Ich: Ihr seid jetzt in Gedanken in einer bedarfsorientierten Gesellschaft. Zur Erinnerung: Wir haben die Demokratie, die Wachstumsgesellschaft zum Thema. Grundlage ist, dass jede/jeder sich in der Gesellschaft mit dem, was er zur Verfügung hat – die einen besitzen Eigentum an Produktionsmitteln, die anderen nennen ihre Arbeitskraft ihr eigen – seinen Vorteil sucht, um Geld zu verdienen. Ihr seid davon nicht ausgenommen. Über Noten wurdet ihr auf unterschiedliche Schultypen und Schulabschlüsse sortiert. Die Schulabschlüsse und Abschlussnoten entscheiden über die nächste Stufe der Berufskarriere. Die Examensnote entscheidet dann darüber, ob ihr den Job bekommt oder der, der besser abgeschnitten hat als ihr. Nochmals: Die Gesellschaft unterscheidet sich in zwei Gruppen: in die, die Besitz haben und ihn ökonomisch verwerten, und in die, die ihre Arbeitskraft der Verwertung zur Verfügung stellen. Jeder hat die *Chance*, einer der beiden Gruppen anzugehören. Darin besteht die Freiheit und Gleichheit, die zugleich eine Ungleichheit ist, weil praktisch nicht jeder mit denselben Voraussetzungen bzw. Mitteln für ein erfolgreiches Wirtschaften antritt. Wir haben demnach eine sich immer wieder aufs Neue reproduzierende Zweiklassengesellschaft als *dauerhafte* staatliche Grundlage. Wir haben festgehalten, dass bei der Verfolgung des Ziels, Gewinn oder Einkommen zu generieren, jeder nur seinen Vorteil auf Kosten des anderen erlangen kann. Konkurrenz ist hierzu der passende Begriff, beschönigend auch Wettbewerb genannt, so, als wollten wir um die Wette laufen. Wir haben außerdem gesehen, dass Konkurrenz nicht nur eine ungemütliche Angelegenheit ist, sondern viel Gewaltpotenzial in sich trägt.

Lua: Ist ja auch klar, niemand lässt sich gern seinen erkämpften Vorteil oder Gewinn streitig machen, wenn er von ihm abhängig ist und sich zudem noch einbildet, der Vorteil wäre allein seiner Vortrefflichkeit zu verdanken.

Ich: Damit die Konkurrenz sowohl unter den Unternehmern als auch unter den Arbeitnehmern und diese als Klassenerhalt wiederum mit dem Unternehmen produktiv und nachhaltig verläuft, braucht es eine übergeordnete Gewalt, die die Konkurrenz regelt und steuert. Jeder der Akteure hat dabei vor Augen, dass der staatliche Schutz seine Interessen schützt. Wenn ich den Gegensatz in der Gesellschaft, wie beschrieben, als ein bleibendes, dauerhaftes Verhältnis eingerichtet habe, dann habe ich natürlich auch dauerhaft Regelungsbedarf, um die widersprüchlichen Interessen praktisch am Leben zu erhalten. „Sie bedürfen zudem einer beständigen Vollziehung oder Beaufsichtigung", um es mit den Worten von John Locke auszudrücken. Alles, was in der Gesellschaft passiert, ist vom Standpunkt des demokratischen Rechtsstaats von der Wiege bis zur Bahre eine Frage der Zweckmäßigkeit und Funktionalität für das Gelingen von Wachstum, vermittelt durch die Potenziale der beiden Klassen. Am Wachstum partizipiert der Staat durch Steuereinnahmen, mit denen er Sorge dafür trägt, dass das wechselseitige Benutzungsverhältnis optimal und effizient organisiert ist. Man könnte sagen, der bürgerliche demokratische Staat ist der ideelle Gesamtunternehmer oder „Über-Unternehmer".

Nicole: So erscheint es mir einerseits logisch, dass der Staat sich mit seiner regelnden Gesetzgebung dem Allgemeinwohl verpflichtet sieht und nicht den Interessen Einzelner. Andererseits, wenn Wachstum sein Zweck ist, dann müssen die

Unternehmer schon seine Lieblingsbürger sein. Sie sind ja der Motor des Allgemeinwohls.

Laura: Jetzt leuchtet mir auch ein, warum Lobbyarbeit für alle Akteure notwendig ist. Jede Interessensgruppe, vom BDA bis zu Greenpeace, muss jetzt versuchen, ihr Interesse als eines, das dem Allgemeinwohl förderlich ist, darzustellen und Einfluss auf politische und gesetzgebende Entscheidungen zu nehmen.

Aaron: Im Berliner Regierungsviertel gehört jeder vierte Briefkasten einem Lobbyisten. Die Cafés und Restaurants machen ihren Umsatz mit ihren Social Engineering Customers. Im Lobbyreport von Lobbycontrol werden für Brüssel 25 000 Lobbyisten mit einem Budget von 1,5 Milliarden Euro benannt – auch ein Beitrag zum Wachstum.

Ich: Die Vereins- und Verbandsarbeit ist in der parlamentarischen Demokratie eben auch ein sehr wesentlicher Bestandteil der politischen Willensbildung. Das Social Engineering oder der „Drehtürwalzer", wie es auch genannt wird, gehört dazu.

Nicole: In der Demokratie habe ich aber auch die Möglichkeit, aus einer Bewegung heraus eine Partei zu gründen wie zum Beispiel die Partei die Piraten, Wählergemeinschaften oder die Grauen-Für alle Generationen, die sich auch für die Belange der Rentner einsetzen.

Aaron: Mit dem durchschlagenden Erfolg, dass es dann für 35 Jahre Erwerbsarbeit die sogenannte Respektrente von 100 Euro für das Lebenswerk gibt. Der Respekt pro Arbeitsjahr beträgt dann genau 2,85 Euro.

Ich: Manche Vorstöße von Politikern sind eben an Zynismus nicht zu überbieten.

Laura: Die Kabarettistin Lisa Politt hat zu solchen Stilblüten einmal angemerkt: „In einer Welt, in der die Realität alle künstlerischen Visionen an Absurdität und Boshaftigkeiten längst in den Schatten stellt, geht das Kabarett in die Brüche. Worüber noch spotten?"

Ich: Ich komme noch einmal auf die Rente zurück. Bei der sogenannten Respektrente, die wie ein Gnadenbrot anmutet, ist wahrscheinlich die politische Berechnung eher, dem Rentnerwillen zu schmeicheln, um nicht zu sagen, ihn zu umheucheln. Der demografische Wandel macht den Rentner, der in der Regel ökonomisch nur noch in der Funktion des Konsumenten und des ehrenamtlichen Helfers besteht, als Wählerpotenzial interessant. Darauf hat Nicole gerade noch einmal hingewiesen. Neben den großen Volks- und Oppositionsparteien gibt es die sogenannten Splitterparteien, die bei Wahlausgängen in der Statistik auch gern als „Sonstige" zusammengefasst werden. Die parlamentarische Demokratie betreibt einen erheblichen Aufwand, um den Erfordernissen, die sich aus den Notwendigkeiten für ein erfolgreiches Wachstum ergeben, gerecht zu werden. Und weil die Bürgerinnen und Bürger die offiziellen Lobbyisten – unsere Politiker – für zuständig erachten, appellieren sie an die Politiker vor allem dann noch einmal öffentlich, wenn diese sich zu einem Gipfel oder Ähnlichem treffen – zu Treffen, auf denen sie die Weichenstellungen für das Wachstum in den nächsten Jahren beschließen. Die Appelle der unterschiedlichen Interessensgruppen sind medienwirksam inszeniert, mal als Lichterkette, mal mit Bauern auf vielen Traktoren, mal wird Milch ausgeschüttet, mal wird sich von einer Brücke abgeseilt oder in Malaysia gefundener deutscher Müll wird gezeigt, der auf wilden Mülldeponien „recycelt" wird. Der Fantasie sind keine Grenzen gesetzt. Euch als Aktivisten brauche ich das nicht zu bebildern. Es wird im Namen der Menschheit, des Klimas, des Tierwohls oder ganzer Berufszweige appelliert. Man könnte glauben, je abstrakter der Appell ist, desto größer ist die Hoffnung, dass man ihn nicht ungehört lassen kann.

Nicole: Apropos Appell: Meine Mutter hat in den Siebzigerjahren bei einer Anti-Atomkraft-Demo auf ihrem Transparent der damaligen Politik mit einer Wahlniederlage gedroht für den Fall, dass sie sich für ein nukleares Entsorgungszentrum ausspricht. Ich glaube, der Demo-Spruch hieß: „Diese Strahlen kosten die nächsten Wahlen!"

Ich: Diese „Drohung" bringt den Idealismus auf den Punkt. Dass man als politischer Mensch und Aktivist sich in seiner Gegnerschaft irrt und vielleicht auch nicht die treffendsten Argumente in der Diskussion parat hat, mag ärgerlich sein, zumal wenn die erwünschte Wirkung nach dem Protest ausbleibt. Blöd, um nicht zu sagen dumm ist es aber, wenn man 40 Jahre später immer noch an einem falschen Gedanken festhält, den die politischen Verantwortlichen, die an der Macht sind, ständig mit ihren Entscheidungen und ihrem Handeln praktisch widerlegen. Ich kenne einige, denen es verdammt schwerfällt, sich ihre Lebenslüge einzugestehen. Ihre Devise heißt: Die Hoffnung stirbt zuletzt – was nicht sein darf, kann auch nicht sein. Wenn dann ein Atommeiler nach 40 Jahren ausgedient hat und stillgelegt wird, rechnet man sich das als Verdienst für den Kampf an.

Laura: Von daher ist es nicht verwunderlich, wenn Atomkraftgegner ihren Widerstand mittlerweile als Gesamtkunstwerk begreifen und zum Gorlebengebet übergehen.

Aaron: Amen

Ich: Ich kann nachvollziehen, dass man bei so einem sektiererischen Übergang zu Sarkasmus neigt. Es nutzt nur nichts.
Die Anti-Atom-Prayer wissen auch, dass die Entsorgungsfrage von mehr als 10.000 Tonnen deutschem Strahlungsmüll und die Renaissancedebatte der Atomkraft als Klimaretter nicht vom lieben Gott moderiert wird. Sie weigern sich, den Staat als Garant von billiger, konkurrenzfähiger Energie für profitables, kapitalistisches Wachstum zu begreifen. Nur weil Energie ein Geschäftsmittel ist, um Profit zu generieren und wir als Konsumenten darauf angewiesen sind, kann uns Monat für Monat die Rechnung präsentiert werden – ob als Stromrechnung mit sauber ausgewiesenem Ökostromanteil oder als All-inclusive-Flatrate-Rechnung, in der das Wort Strom oder Energie nicht mal mehr erwähnt wird.
Ich sende euch zu diesem Thema noch eine kleine Geschichte von Herrn Keiner aus dem Online-Buch „Herrschaftszeiten", die, wie ich finde, an dieser Stelle recht passend ist.

Lies noch was:

Sein und Haben

Auf einem Transparent, das bei einem Protestmarsch gegen den Einsatz von Atomenergie mitgeführt wurde, las Herr Keiner den Satz: „Wir wollen nicht haben, sondern sein."

„Das ist kein vernünftiges Anliegen", sagte Herr K., „weil es das Haben-Wollen, also den Materialismus der Unteren mit dafür verantwortlich macht, dass sich die Oberen für den Einsatz einer hochgefährlichen Art der Energiegewinnung entschieden haben." Herr K. fragte: „Sind es nicht die Verhältnisse, welche die kleinen Leute darauf angewiesen machen, mit möglichst billigem Strom versorgt zu werden? Und: Sind es nicht dieselben Verhältnisse, in denen mit der Versorgung der Menschen mit Strom ein Geschäft gemacht wird, ein Geschäft, das auch den Einsatz von gefährlicher Atomenergie lohnend macht?

Daher kann es nicht vernünftig sein, für das bloße Sein, also für mehr Bescheidenheit bei der Bevölkerung zu werben. Von einem Leben, das nur das bloße Existieren-Können vorsieht, hat ein Großteil der Unteren ohnehin schon mehr als genug."

Herr K. empfahl dagegen, für mehr Materialismus bei den kleinen Leuten zu werben. „Man muss den Reichtum haben wollen, von dem man in dieser Wirtschaftsweise ausgeschlossen ist. Denn nur so lassen sich Verhältnisse erstreiten, in denen es sich angenehm leben lässt. Verhältnisse, in denen es keinen Grund mehr dafür gibt, mit einem lebensgefährlichen Energieträger versorgt zu werden."[33]

---

[33] Ulrich Schulte: Herrschaftszeiten. Geschichten von Herrn Keiner. Luxembourg: Editpress; Essen: BasisBuch 2012; http://www.herrkeiner.com/fundstueck/sein-und-haben-2.

Die Figur des Wahlkandidaten

Neben dem Wahlprogramm und den Wahlversprechen stellen sich aber auch zugleich Menschen zur Auswahl. An die Kandidaten wird der Anspruch gestellt, Parteiinhalte personifiziert, sachorientiert, glaubhaft, authentisch und mit anderen charakterlichen Eigenschaften versehen darzustellen. Politiker, die glaubwürdig sein wollen, müssen über die hohe Kunst verfügen, jedem das zu versprechen, was er sich wünscht, immer angereichert mit den Idealen der Demokratie. Begriffe wie Freiheit, Menschenwürde, Gleichheit und Gerechtigkeit, Verantwortung dürfen auf Wahlplakaten nicht fehlen. Je nachdem, was gerade populär ist, gesellt sich zu den tugendhaften Allgemeinplätzen noch ein Mindestlohn, eine Mindestrente und ein Mindest-CO_2-Preis. Das ausgerechnet das Mindeste schon einen guten Grund für die Wahl einer Partei abgeben soll, zeigt schon, mit wie wenig sich ein potenzieller Wähler zufriedengeben soll und wohl auch zufriedenstellen lässt. Einige der genannten moralischen Begrifflichkeiten haben wir ja schon angesprochen und hinterfragt. Parteien vollziehen die Staatsgeschäfte und kritisieren sie zugleich, sie sind damit die Instanzen, an die sich die Bürger mit ihren Anliegen wenden. Politiker müssen den Bürgern ihre Politik „verkaufen", indem sie dem politischen Gegner beispielsweise vorwerfen, was er alles nicht tut. Das kann man mit dem Vorrechnen vergeudeter Steuergelder tun oder betont locker, wie es Vertreter alternativer Parteien gerne machen.

Laura: Was ist, wenn beispielsweise wie in Italien oder der Ukraine Schauspieler zu Staatspräsidenten oder Parteiführern gewählt werden?

Ich: Jemand, der sich in seinem bürgerlichen Beruf schon als Charakter inszenieren konnte, dem glaubt man seine Inszenierung als bewiesen. Man will seine erfolgreiche Selbstdarstellung als Maßstab für Anstand und vorbildliche politische Führung gelten lassen.

Lua: Die Konkurrenz um Macht, Geschäft, Gewalt und Koalitionen verwandelt ein grüner Spitzenpolitiker bei uns schon mal in ein Spiel, indem er sagt: „Ich bin gespannt, ob DIE LINKE irgendwann wieder Bock hat, das demokratische Spiel mitzuspielen."

Ich: So viel betonte Lockerheit im Umgang mit der Macht und deren Repräsentanten fällt natürlich auch der vierten Gewalt, unserer Presse, auf. In Fußgängerzonen werden dann auch die Bürgerinnen und Bürger von Reportern gefragt, was sie von einer Partei halten, deren Repräsentanten sich so betont locker geben und damit Erfolg haben. Die Antworten lassen nichts zu wünschen übrig: „Frischer Wind – mal was Neues!" Ein Kabarettist würde diese Meinungskundgabe wahrscheinlich mit vollendeter, gelungener politischer Meinungsbildung kommentieren. Die einen praktizieren Staatsgewalt und Moral, die Opposition demonstriert, dass sie die bessere Alternative für das Führen der Staatsgeschäfte und für die moralische Erneuerung ist. Heuchelei, Lügen, Selbstdarstellung gehören notwendig zum Geschäft des Politikers. Die Wahl macht sie abhängig vom Volkswillen, zugleich sollen sie beim Führen der Staatsgeschäfte nur ihrem Gewissen verpflichtet sein. In der Partei gilt dann wieder der Fraktionszwang, der, wenn es opportun erscheint, auch einmal aufgehoben wird. Das sind dann die Sternstunden der Demokratie.

Aber Laura, dir ist doch auch noch ein Beispiel für Politikerinszenierung aufgefallen.

Laura: Bei der letzten GroKo-Bildung hat Merkel gesagt: „Es geht um das Schicksal unseres Volkes." Und auf dem CDU-Parteitag ging es um die Verantwortung für die Zukunft. Merkel sagte: „Es ist kein Spiel zu regieren. Es geht um das Schicksal unseres Vaterlandes." Bei so einer Ansage braucht man doch gar nicht kleinlich über Rentenbeiträge oder die Mindestrente nachzudenken, da soll man sich doch gleich die Sorge um die richtige Führungspersönlichkeit machen, damit die Nation nicht den Bach runtergeht.

Ich: Solche Äußerungen schreibt man auch dem Kanzlerbonus zu. Mit dem Alleinstellungsmerkmal als Regierungsoberhaupt geriert Frau Merkel sich als „Hüterin" der Deutschen als Schicksalsgemeinschaft und wer gegen so eine Ansage von ihr opponiert, hat seine Verantwortung nicht begriffen. Das ist glaubwürdig, weil man Inhaber der höchsten Macht im Staate ist. Sie als Führerin muss ja wissen, was gut für die Nation ist.

Fridays for Future

Nicole: Meine jüngere Schwester Luisa geht regelmäßig zu den Freitagsdemos „Fridays for Future". Als ich ihr sagte, dass das ein ziemlich pillepalle, inhaltsloser Slogan sei, da die Zukunft nun mal todsicher eintreten wird, egal, was passiert, hat sie mich giftig angesehen, mir ein Flugblatt mit Statements in die Hand gedrückt und gefragt, was ich denn gegen den Klimawandel tun würde, denn darum gehe es ihr.

Laura: Ich finde die Frage nach dem, was man tun kann, berechtigt. Die Ausbeutung der Erde mit der Folge des Klimawandels, Kinderarbeit in Minen und Textilfabriken, sexueller und häuslicher Gewalt und und und. All das hört nicht auf, wenn man nichts dagegen unternimmt.

Ich: Der zuständige Minister hat die Demonstrationen „Fridays for Future" als Stärkung der Demokratie bewertet und damit ein großes Lob ausgesprochen. Ansonsten sollten die Inhalte der Demonstrationen nach Ansicht des Ministers bei den Politprofis aufgehoben sein. Diesen Tadel haben die Aktivistinnen und Aktivisten von „Fridays for Future" auch gleich verstanden. Sie geben ihren Tadel, dass sie sich „von der Politik betrogen" fühlen, an die Politik zurück mit der Aufforderung, endlich Taten folgen zu lassen, „damit wir die Klimaziele einhalten". Sie erkennen damit die Politiker als die für das Klima zuständigen Verantwortlichen an, um ichnen dann Untätigkeit vorzuwerfen. Sie behaupten, das Klimaschutzziel sei kompromisslos, und machen lauter Kompromissvorschläge: von der Sozial*verträglichkeit* bis zum CO_2-Tonnen*preis* von soundso viel Euro. Sie behaupten, Deutschland als reichstes Land habe eine besondere Verantwortung, verpassen dabei aber, dass der Reichtum der BRD gerade in Verantwortung für Wachstum und Wohlstand unter Inkaufnahme des CO_2-Ausstoßes erzielt worden ist. Sie beanspruchen begriffslos einen Zeitpunkt namens Zukunft als Sehnsuchtsort. Wer, wie, warum mit welcher Zwecksetzung in der Zukunft leben will, kommt bei ihnen, wenn überhaupt, sehr nebulös vor. Das legt den Verdacht nahe, dass sie wie selbstverständlich davon ausgehen, dass sie das Leben ihrer Eltern fortsetzen können, nur, bitte schön, klimaneutral und ökokapitalistisch. Sie wollen echte Chancen haben, die auch ihnen eine Ausbildung, Karriere,

Familie und Rente ermöglichen. Sie beanspruchen ein Recht auf einen Platz in der zukünftigen Gesellschaft.

Lua: Die finden Europa auch toll, weil sie als Studenten Europa von Süd nach Nord durchqueren können, ohne den Pass zeigen zu müssen.

Zu Europa als Land der Reisefreiheit fällt mir noch ein Argument ein, das ich im *SPIEGEL* gelesen habe. Da hieß es: Anstatt per Interrail und als Urlauber hat mittlerweile eine ganze Generation von Osteuropäern den Kontinent als Putzfrau, Erntehelfer, Handwerker und Hilfsarbeiter kennengelernt, als Domestiken der Reichen im Westen. Die hätten sich ihre Future bestimmt anders vorgestellt.

Aaron: Die Fridays finden Europa toll, weil die Kriege nicht in Europa, sondern an den Außengrenzen stattfinden und Friedensmission heißen. Allein an der nie dagewesenen Höhe der Rüstungsexporte in der Geschichte der BRD könnte einem auffallen, dass ein Frieden, der darauf beruht, jederzeit jeden Menschen auf der Erde mehrere tausend Male in die Luft sprengen zu können, etwas sonderbar ist. Da werden doch weltweit nicht Milliarden Friedenstauben in die Luft entlassen, sondern da finden mit der Drohung, die Waffen zu gebrauchen, doch handfeste Erpressungen statt!

Ich: Mit einem „guten Leben", wie wir es gerade besprochen haben, haben die Aktivistinnen und Aktivisten von „Fridays for Future", jedenfalls die, die in den Medien zu Wort kommen, wahrlich nichts am Hut. Im Gegenteil, die Politprofis vereinnahmen sie: „Bitte macht weiter Druck!" Druck für ein auf Wachstum setzendes Staatsverständnis! Es ist ja schon ekelerregend, wie sich Politiker und Medien jeglicher Couleur auf die Protagonisten von FFF stürzen, sie zu Ikonen herrichten, um sie für ihre Zwecke wie Wahlkampf, Medienmache und Wirtschaftspolitik zu vereinnahmen.

Nicole: Die ganze FFF-Bewegung pauschal zu verurteilen, finde ich jetzt ein bisschen zu hart und unfair.

Laura: Es gibt doch auch viele unter den immerhin mehr als 1,5 Millionen Schüleraktivisten und Demonstranten, die eine veränderte Gesellschaft und nicht die bürgerliche Existenz ihrer Eltern und Lehrer wollen. Die politisieren sich doch gerade und wollen sich von ihren Lehrern und Eltern emanzipieren.

Aaron: Mit seinem YouTube-Video hat Rezo[34] seine Kritik an der Merkel-Regierung immerhin mit über 100 Quellen belegt.

Ich: Das mag ja alles sein. Ich fand sein Video auch erfrischend. Letztendlich ist er aber bei seiner Videoentlarvung stehengeblieben nach dem Motto: Ätsch, ich hab euch beim Schummeln ertappt, ihr Politiker macht ja gar nicht, was ihr ankündigt und in Wahlen versprecht, euren Worten folgen keine Taten. Das beklagt die AfD übrigens auch: Statt eurer Verantwortung für die Menschheit gerecht zu werden, bedient ihr nur Lobbyinteressen. Rezo beklagt den mangelnden Respekt vor seiner noch jungen *Staatsbürgerwürde*. Sein Schluss aus seiner Recherche lautet: Bei so einem negativen Befund muss ich meine Wahlempfehlung jemand anderem aussprechen. Als ob bei einer Europawahl oder Bundestagswahl Weltuntergang oder Menschheitsrettung beim Kreuzchenmachen zur Auswahl stünden. Es ist unbestritten,

---

34 Rezo: Die Zerstörung der CDU; https://www.youtube.com/watch?v=4Y1lZQsyuSQ, abgerufen am 20.2.2020.

dass es globale Wirkungen gibt, die den Klimawandel belegen. Aus der globalen Wirkung folgt aber nicht eine globale Betroffenheit, die ein allgemeines „Menschheitsproblem" sein soll. Die FDP spricht ja schon von den Deutschen als Moralweltmeister. Die Menschheit ist eine Abstraktion, die von jeglichem konkreten Inhalt absieht, ein von oben erlaubter Beschwerdetitel, der ein „Wir" evoziert, für das sich Politiker gerne als zuständig erachten und im Übrigen auch beleidigt reagieren, wenn man ihre Zuständigkeit und ihr ständiges Bemühen, Staat zu machen, nicht würdigt. Da bekommt die Thunberg dann auch ihren Platz zugewiesen. – Okay, ich wollte euch ein bisschen provozieren, euch noch einmal vor Augen führen, dass es nicht reicht, einen Missstand ausfindig zu machen und dann mit der Aufforderung zur Beseitigung des Mangels mit den Fingern auf Politiker zu zeigen. Nach welcher Logik soll der, der den Schaden bestellt, ihn wieder abbestellen wollen? Erst jetzt fängt doch ein Nachdenken außerhalb des Sozialkunde- und Biologieunterrichts an. Jetzt müssen doch die W-Fragen gestellt werden: Was ist *die Menschheit* eigentlich für ein Abstraktum? Wer bedroht die Zukunft der Menschheit? Womit und warum? Stattdessen soll die bürgerliche wissenschaftliche Expertise als Ersatz für das eigene Nachdenken herhalten. Das Sich-selbst-Schlaumachen erspart übrigens die nächste Enttäuschung. Die ist dann nicht die Enttäuschung über Politikerinnen und Politiker, sondern die Enttäuschung über die nicht eingetroffenen wissenschaftlichen Prognosen studierter Experten. Zugegeben, wir selbst merken gerade an unseren Diskussionen, wie viel Erklärungsbedarf wir haben. Der Vorwurf kann also vorerst nur darin bestehen, das Nachdenken und die Entscheidungshoheit anderen zu überlassen und seine eigenen Urteile über die Welt nicht auf den Prüfstand zu stellen, soll heißen, ungeprüfte Standpunkte zu übernehmen – dies in der Hoffnung, die Politiker würden bei genügend Mahnung ihrer Verantwortung für die Menschheit gerecht werden. An Mahnungen hat es übrigens nie gemangelt. Noch jede Schweinerei wurde von Protest und Mahnungen begleitet, bis in den Kriegseintritt. Neulich schickte mir eine Kollegin einen Tweet. Auf dem Bild waren Menschenmassen auf einer FFF-Demo zu sehen. Ihr Kommentar: „Wir haben nur kurz zu den 50 000 beigetragen, aber immerhin!"

Lua: Immerhin was? Kurz dazugehört? FFF-Demos als Selfikulisse für Instagram und den Nachweis, ich war auch dabei? Ich gehör zu den guten. Geht's noch?

Ich: No comment. Wer die Gegenwart für ein gutes Leben selbst gestalten kann, braucht sich um die Zukunft 2050 weniger Gedanken zu machen. Ein Beispiel: Wer den Vorwurf „Ihr lebt auf unsere Kosten" macht, der hat sich eigentlich schon heute dafür entschieden, wegen der Zukunft erstens alles als eine Preisfrage zu betrachten – was Preise sind, haben wir schon besprochen. Zweitens: Mit dem „ihr" wird gar nicht mehr unterschieden, wer Täter und wer Opfer ist, wer Wachstum braucht, um Profit zu machen, und wer Waren kaufen muss, um mit ihnen seinen täglichen Bedarf zum Überleben zu sichern. Die „Fridays for Future"-Aktivisten betrachten die Gesellschaft als eine Gesellschaft von lauter erwachsenen Konsumenten. Wer sich nach acht Stunden Erwerbsarbeit am Abend überlegt, ob er sich auf dem Weg nach Hause eine Pizza to go mitnimmt oder ein Fertiggericht zubereitet, wird von den „Fridays for Future"-Aktivisten dazu auserkoren, als Konsument mit Entscheidungshoheit über seinen Resttageslohn das Weltklima zu retten. *Als* Konsument ist er jedoch Teil einer Wertschöpfungskette, und auf die hat er keinen Einfluss. Sie besteht aus und folgt ökonomischen Zwecken und Gesetzmäßigkeiten, wie wir sie beim Thema Wachstum beschrieben haben. Durch Verweigerung des Kaufaktes bei einem in Misskredit geratenen Unternehmer begünstige ich letztendlich einen anderen Unternehmer, weil ich als Konsument nun mal auf die Produkte der Wertschöpfungsketten angewiesen bin. Am Zweck Wachstum und Gewinn habe ich überhaupt nicht gerüttelt. Konsumverweigerung als Strategie ist von der Überlegung her falsch. Ich erinnere noch einmal an unseren Befund: Im Kapitalismus kann man zwar alles kaufen, man *muss* aber auch alles kaufen!

Die Argumentation der Konsumverweigerung ist nicht von den Schülerinnen und Schülern erfunden worden. Die Generation der Eltern und Lehrer hat die Argumentation propagiert: Wenn die Verbraucher ihr Konsumverhalten ändern, zwingen sie das Kapital zu einer umweltverträglichen Produktion. Die Antwort der Unternehmen erfolgt durch die Strategie des Greenwashing. Perfektes Marketing reagiert auf Käuferbefindlichkeiten, wenn es dem Absatz im eigenen Laden dient. Mit Sponsoring von Baumpflanzaktionen wird beispielsweise das Image aufpoliert. Dass es, um einen CO_2-Effekt zu erzielen, eine Aufforstungsfläche von der zweifachen Größe Indiens bräuchte, wird dabei nicht erwähnt.

Nicole: Ja, und auch wenn jetzt weniger Fleisch konsumiert wird, wird trotzdem mehr produziert, weil das Geschäft mit dem Export gemacht wird. Die Tierquälerei findet jetzt durch die Transporte auf der Autobahn statt. Der geahndete Verstoß wird von der Spedition eingepreist.

Laura: In der *taz* wurde neulich ein Agrarökonom gefragt, ob wir angesichts des zunehmenden Klimawandels und der

Dürre Hunger leiden müssen. Seine Antwort: Nein, wir haben genug Kaufkraft, um woanders unsere Ausfälle zu kompensieren.

Ich: Das klingt jetzt bei euch so, als seien euch die Sympathien für die FFFler abhandengekommen. Ich habe mittlerweile die Statements von Luisa und FFF überflogen. Ich schlage vor, wir unterbrechen für eine Lesepause von 20 Minuten. Ihr könnt ja mal prüfen, was die Argumente von FFF-Vertretern mit unseren Erkenntnissen und meinen Behauptungen gemeinsam haben, worum es Luisa und den Klimaschützern geht. Auf einen Punkt möchte ich vorab eingehen, weil ich ihn für verkehrt halte, den Punkt mit der Motivation für FFFler. Luisa schreibt: „Die Sklaven hätten sich nie selbst aus der Zwangsherrschaft befreien können. Man hat sich gegen das wirtschaftliche System gestellt, weil es moralisch falsch war." Sie schreibt weiter: „Ich finde das total richtungsweisend und mit unserer heutigen Situation vergleichbar, freiwillige Selbstdeprivilegierung!" Ich weiß nicht, aus welchem Geschichtsbuch Luisa diese heroische Darstellung hat. Fakt ist verkürzt gesagt, dass in Amerika zwei Kapitale, das agrarische der Plantagenbesitzer im Süden und das industrielle im Norden, um ihre *Bedingungen* des zukünftigen Kapitalwachstums stritten. Das des Südens war überwiegend an Baumwolle geknüpft, die auf der ganzen Welt gebraucht wurde und das Geschäftsmittel der Briten in England war. Die Südstaaten waren u. a. die verlängerten Plantagen britischer Geschäftsleute. Grundlage der Plantagenwirtschaft ist ihr ständiger Hunger nach Fläche. Ist heute übrigens auch nicht anders als damals. Sklavenbewirtschaftete Plantagenwirtschaft verträgt sich im selben Land nicht mit einem auf freier Lohnarbeit basierenden Industriekapitalismus. Die von Luisa ersehnte Selbstdeprivilegierung liest sich nach der Sklavenbefreiung deshalb im O-Ton etwas anders: „Überall wurden Maßnahmen ergriffen, um Neger zur Arbeit zu zwingen und sie zu lehren, dass Freiheit bedeutet, für Lohn statt für einen Herrn zu arbeiten." Das berichtet der britische Botschafter an seine Landsleute, und das Bildungsbürgertum diskutierte die Neuorganisation der Sklavenbefreiung nach der Aufhebung der Sklavengesetze im *Economist* mit der Feststellung: „Wird aber das Prinzip der völligen Freiheit gewährt, so ist klar, dass die dunklen Rassen auf die eine oder andere Art dazu gebracht werden müssen, weißen Männern bereitwillig zu gehorchen." [35]

Aaron: Eine „Art" besteht im 21. Jahrhundert darin, die „dunklen Rassen" in Lagern zu verwalten, weil sie dem wießen Mann nicht gehorchen wollen, der ihnen sagt, sie sollten in ihrem Land so lange dahinvegetieren, bis man sie holt, weil sie für Billiglöhne gebraucht werden.

Ich: Sicherlich hat Luisa andere Vorstellungen von Verzicht. Für sich betrachtet ist es eine ziemliche Frechheit, ausgerechnet wieder die, die nichts haben außer ihrer Lohnarbeit, zur Verzichtsbereitschaft aufzurufen. Wenn die Politik wieder einmal diesen Aufruf startet, heißt er: „Wir leben über unsere Verhältnisse und müssen den Gürtel enger schnallen." So viel erst einmal zur Selbstdeprivilegierung. Wer sich im Übrigen mehr für die Geschichte der Sklaven und ihrer sogenannten Befreiung interessiert, dem sei das Buch *King Cotton* empfohlen aus dem ich eben auch zitiert habe.

---

[35] Sven Beckert: King Cotton. Eine Geschichte des globalen Kapitalismus. München 2019.

Nicole: Ich habe hier auch noch ein Flugblatt von einer FFF-Demo zum Thema „Lidl diktiert – Politik pariert"; das könnten wir in die Argumentationsprüfung mit einbeziehen.

Zu den Statements von FFF

- Wie teuer ist Klimaschutz? „Richtig teuer ist das, was wir gerade machen." Die Kosten für verseuchte Böden müssen kommende Generationen und der globale Süden tragen. Dorthin exportieren wir unseren Plastikmüll, von dort bekommen wir die seltenen Erden für unsere Handys.
- „Die Klimakrise ist auch eine Krise made in Germany, weil wir zu den Hauptverursachern von CO_2 gehören … Deshalb haben wir besondere Verantwortung."
- Wohlstandsparadigmenwechsel: „… wie wir dabei unserer internationalen Verantwortung gerecht werden."
- Wissen über die Klimakrise: „Und das, obwohl wir seit 30 Jahren wissen, wozu das führt."
- Zum Vorwurf „Klimaschützer sind hektisch und panisch": „Die Regierung hat Angst vor der großen Industrie." „Sie spielt das Spiel: Klimaschutz gegen Wohlstand."
- „Wir können uns nicht darauf verlassen, dass Menschen bekehrt werden und im Supermarkt die Welt retten." „Wir müssen dafür sorgen, dass Fleisch einen Preis hat, der den Kosten entspricht. Das ist doch total logisch".
- „Langfristig ist uns bewusst, dass wir uns bei der Frage von Klimagerechtigkeit auch mit Kapitalismus, mit Konzernmacht und Regulierung beschäftigen müssen".

Argumente aus dem „Lidl diktiert – Politik pariert"-Flugblatt:

- „... trotz andauernder Proteste reagiert weder Politik noch Wirtschaft angemessen auf Forderungen nach Klimagerechtigkeit. Deswegen gehen wir zu den Verursachern des Klimawandels. Heute gehen wir in den Supermarkt ..."
- „Die Landwirtschaft ... sorgt auch heute noch buchstäblich für unser Überleben ... gleichzeitig liegt im Bereich der industriellen Ernährungswirtschaft, wie sie heute betrieben wird, eine wesentliche Ursache für Klimawandel, Artensterben, Wassermangel und Hunger."
- „Systemfehler error. Die Exzesse der Ernährungswirtschaft sind systembedingt."
- „In den Supermärkten wird deutlich, wie raumnehmend unsere Lebens- und Produktionsweise im globalen Norden ist, es wird deutlich, wie sehr wir Ressourcen verschwenden."

Laura: Ich finde es erst einmal auffällig, wie locker die von „Wir" sprechen. Sie vereinnahmen alle als Kollektiv. Die unterscheiden gar nicht zwischen Verursacher und Opfer beziehungsweise den Alternativlosen. Ich hab doch die Scheiße nicht in Auftrag gegeben, ich hab doch, weil ich telefonieren will, nicht die Ausbeutung von seltenen Erden beauftragt. Ich hab auch nicht das Wissen von 30 Jahren über Klimaschäden. So alt bin ich noch gar nicht. Schon gleich gar nicht verstehe ich, wieso ich eine internationale Verantwortung habe, also mich international für zuständig erklären soll, wo ich doch schon regional nichts zu melden habe. Ich verschwende auch keine Ressourcen, ich hab nämlich gar keine, außer das bisschen BAFöG und das, was ich mir beim Jobben dazuverdiene. Die argumentieren sehr deutschnational.

Nicole: Das sehen die nicht so. Die denken ganz einfach. Die sagen, das Klima wirke überall auf der Welt, sei von daher grenzenlos. Dann sehen sie, dass das Klima auf alle Menschen wirkt, schwarze und weiße, arme und reiche. Daraus ziehen sie den Schluss: Die Menschheit ist betroffen. Dass es die Menschheit real gar nicht gibt, sie ein theoretisches Kunstprodukt ist, das man nur kreieren kann, wenn man alle Besonderheiten, die den Menschen als Individuum bestimmen, außer Acht lässt, kümmert sie erst einmal nicht. Sie schauen von außen auf die Erde und sagen sich, da sei eine vom Aussterben bedrohte Spezies. Dann zoomen sie sich auf die Erde und sagen: „Seht ihr denn nicht, dass die Menschheit bedroht ist. Das könnt ihr doch nicht wollen!"

Ich: Abstrakter geht es eigentlich nicht. Jetzt wird es auf der Erde aber sehr konkret. „Nicht wollen" bezieht sich jetzt auf den willentlich handelnden konkreten Menschen. Um eine Klimakatastrophe abzuwenden, braucht es jetzt konkrete Menschen, die auch wollen können, die Verursacher und Verhinderer zugleich sind. Die werden nicht als Individuen angesprochen, sondern als kollektives Wir. Jetzt rücken die Regierungen in den Fokus der FFFler; die haben ja die Macht und sind für alles, was „Wir" betrifft, zuständig, was höher wiegt als die „Macht" der Eltern und Lehrer.

Laura: Und weil die Politiker das von ihnen ausgemachte Menschheitsproblem nicht ernst nehmen, muss man sie daran erinnern, dass es ihre Aufgabe ist, sich zu kümmern. Wenn dann nach Massendemos ein „Klimapaketchen" von der Politik verabschiedet wird, ist die Enttäuschung groß.

Lua: Und damit sie ihren guten Glauben an die Zuständigkeit der Politik für Klimagerechtigkeit nicht verlieren müssen, haben sie auch schon Schuldige ausgemacht, die die richtige Politik verhindern. „Die Regierung hat Angst vor der großen Industrie." Die Logik: Was nicht sein darf, kann auch nicht sein. Erinnert sehr an Kant. Die FFFler kommen erst einmal überhaupt nicht auf die Idee, dass Politik im Kapitalismus Politik für Kapitalwachstum ist und kein Spiel „Klimaschutz gegen Wohlstand."

Aaron: Bei Wohlstand denken die auch nicht an den gesellschaftlichen Reichtum, den die Regierung zum Staatmachen braucht und auf den sie scharf ist, mit dem sie beispielsweise in Form von Krediten in Europa und der Welt Bedingungen für ein nationales Wachstum diktiert. Die denken an ihr Handy und die Flatrate und was sonst noch alles bei ihnen zu Hause rumsteht und im Kühlschrank ist. Wohlstand ist für Luisa gleichbedeutend mit Gebrauchsgegenständen, deshalb leuchtet es ihr auch ein, Selbstdeprivilegierung als Antwort auf die Verantwortung der Politik für Wohlstand anzuraten.

Nicole: Wenn sie schreiben „Wir können uns nicht darauf verlassen, dass Menschen bekehrt werden und im Supermarkt die Welt retten", dann haben sie doch ein Bewusstsein von dem Gegensatz: Einerseits ist die Menschheit aus der Vogelperspektive betrachtet betroffen, und andererseits lässt der konkrete Mensch auf der Erde sich nicht bekehren.

Lua: Was liegt da näher, als dafür zu sorgen, dass Fleisch einen Preis hat, der den Kosten entspricht. Das ist doch total logisch, jedenfalls in ihrer Weltsicht: Danach gibt es einfach zu viele Arme Menschen, die billiges Fleisch wie „Ramschware" kaufen, Ressourcen verschwenden und uns damit das Klima versauen.

Aaron: Die Frage, die sich mir stellt, ist: Wie kommen die von der Regierung auf dieses „Wir"? Bei der „Wir"-Frage haben wir gemerkt, dass es einen ziemlichen Unterschied macht, ob wir von „Wir" als Gruppe oder von „Wir" als Deutsche sprechen. Für die FFFler war im bisherigen Leben alles über die Eltern und den Staat geregelt. Geld braucht man zum Leben, dafür braucht man Jobs. Um gute Jobs zu bekommen, muss man in der Schule fleißig sein, erst die Klausur schreiben, dann auf die Demo gehen. Der Staat regelt dafür alles mehr oder weniger gut, und die Demokratie ist der Garant dafür, dass die Politik nur zum Wohle des Volkes handelt.

Laura: Um sich als „Wir" zu fühlen und zu denken, muss man aber seine persönlichen Interessen und die staatlichen Interessen als *ein* Interesse denken. Der Staat ist für die ein Dienstleister, der die Aufgabe hat, für ordentliche Bedingungen mit echter Chancengleichheit zu sorgen. Wir hatten den Gedanken schon bei dem notwendig falschen Bewusstsein, das den Staat als Lebensmittel will, weil der Staat quasi wie eine naturgesetzliche Voraussetzung für das eigene Zurechtkommen wirkt, indem er mit seiner Macht alle Lebensbereiche diktiert und kontrolliert.

Nicole: Ja, aber die könnten doch merken, dass es einen Gegensatz zwischen ihnen und der Ernährungswirtschaft gibt, der sich nicht dadurch aufhebt, indem man sagt: Wir sind doch alle Deutsche und haben alle mal Hunger!

Aaron: Ich glaube, die haben von der Wirtschaft eine völlig andere Vorstellung als wir mittlerweile. Die denken: Unternehmer sind doch auch Deutsche und kommen aus demselben Stall; die Konzerne müssen das Klimaproblem nur ernst nehmen und ihre Gier zügeln. Dass Profitmachen ein ökonomischer Zweck ist, der bei uns gesamtgesellschaftlich organisiert ist und auf ständige Verbilligung der Arbeitskraft und Konkurrenz beruht, deren notwendiges Resultat das Plattmachen des Konkurrenten ist, wissen die nicht, zumindest in diesem Zusammenhang nicht.

Lua: Das kann man auch an ihrer Bestimmung von Bauern sehen. Die denken, weil der Bauer seinen Acker und Trecker als Produktionsmittel benutzt, hat er den Zweck, die Menschheit zu ernähren. „Der sichert unser Überleben." Mal abgesehen davon, dass Überleben das Gegenteil von gut leben ist, ist das Quatsch: Der will und muss genauso Profit machen wie jeder Unternehmer auch. Nur weil er naturverbunden ist, seine Tiere vorm Schlachten streichelt und sich selbst ausbeutet, gelten für ihn keine anderen ökonomischen Gesetze. Von wegen auf der einen Seite die guten Lebensmittelproduzenten und auf der anderen Seite die bösen Industriellen, die uns das Klima versauen! Solange der Landwirt Waren produziert, gehört er zur Ernährungs- und Lebensmittelindustrie dazu, ob ihm das passt oder nicht. Sie sind Täter und keine Opfer. Und die alternativen Nischenhocker wissen auch ganz genau, dass sie in der Nische hocken und keine ernsthafte Alternative darstellen.

Nicole: Immerhin sprechen die FFFler ja auch vom Systemfehler-Error und finden die Exzesse der Ernährungswirtschaft systembedingt.

Aaron: Ein Fehler im Betriebssystem heißt nicht, dass das Betriebssystem der Fehler ist, sondern dass es einen hat. Die sagen, das Betriebssystem sei eigentlich in Ordnung, man müsse nur die Fehler, die Exzesse ausmerzen. Eine Kritik der kapitalistisch betriebenen Agrarwirtschaft mitsamt ihrem klimaschädlichen Beiwerk würde das kapitalistische System als solches infrage stellen und nicht einen als betriebsbedingten Fehler ausgemachten Exzess als Mangel korrigieren wollen nach dem Motto: Es sind die schwarzen Schafe, die für die Skandale sorgen, so wie Lidl und Co., weil die so schamlos die Preise drücken.

Ich: Auf alle Argumente der FFFler hier jetzt noch einmal einzugehen würde unseren Rahmen sprengen. Ich denke, ihr kommt nicht darum herum, Nicoles Schwester und ihren Sympathisanten zu erklären, dass es der kapitalistisch produzierte Reichtum dieser Gesellschaft ist, der das schädliche CO_2 produziert, und dies ursächlich in den Ländern, die sich als Palmöl-, T-Shirt-, Stahllieferanten sowie Rohstofflieferanten für Elektroautobatterien, für das Wachstum in Deutschland und Europa herrichten. Die Liste ließe sich beliebig fortsetzen. Als wir über Wachstum sprachen, ist uns aufgefallen, dass Klimapolitik die ausgetragene Konkurrenz der Staaten um Energiepolitik ist. Das Leitbild heißt: „Innovation und Wachstum", danach kommen „Nachhaltigkeit und Klima". Warum „Energiepolitik" das eigentliche Thema ist, lohnt einen extra Workshop.

Aaron: Wir könnten uns mit den FFFlern und der europäischen Klimapolitik, dem green deal in einem gesonderten Webinar auseinandersetzen.

Nicole: Die Idee finde ich gut, dann könnte ich meine Schwester und ein paar ihrer Freundinnen dazu einladen. Luisa meinte neulich zu mir, sie sei in über 40 WhatsApp-Gruppen; die könnten wir alle einladen.

Laura: Ich möchte auch daran erinnern, dass wir uns hier zusammengetan haben, weil es uns nicht mehr reicht, bei Demos mitzulatschen und an die Mächtigen zu appellieren, ohne dass daraus Wesentliches folgt, außer kriminalisiert zu werden. Mir jedenfalls reicht es nicht mehr.

Lua: Es geht uns um die Frage: Was sind gute und was sind schlechte Bedingungen für ein gutes Leben? Welchen Preis muss man im auch „Öko"-Kapitalismus dafür bezahlen.

Aaron: Und darum, ob ein bedingungsloses Grundeinkommen eine gute Bedingung für ein gutes Leben sein kann bzw. was die Alternative ist.

Ich: Zu hinterfragen ist aber, ob auch ihr euch den richtigen Adressaten für euren Protest ausgesucht habt.

Im Verlauf unserer Diskussion fiel schon ein paar Mal das Stichwort Volksgesundheit.

Corona-Virus COVID-19 – Das Ende vom Anfang

Volksgesundheit – ein hohes Gut und sein Preis

Ich: Angesichts der Corona-Pandemie haben wir uns heute noch einmal per Video-Chat verabredet, um über Volksgesundheit zu diskutieren, und wie ich sehe, sind noch einige Gäste hinzugekommen.
Man muss kein Virologe, Hellseher oder Verschwörungstheoretiker sein, um sich ein paar grundlegende Gedanken darüber zu machen, woher Seuchen, Epidemien und dergleichen kommen – sie fallen ja nicht vom Himmel – , wer oder was sie verursacht, wer zu den Geschädigten gehört

und welche Rolle der Staat im Vorkrisen- und Krisenfall einnimmt. An Katastrophen und Seuchen, durchaus auch in globalem Ausmaß, sind wir als Bürger zivilisierter demokratischer Länder gewöhnt und im Umgang damit geübt. Auch bei nicht unmittelbarer Betroffenheit gibt es ein eingespieltes Spenden- und Hilfsszenario wie z. B. im Fall des Vulkanausbruchs auf Haiti. Wir Älteren haben Tschernobyl ebenso wie HIV/Aids, BSE sprich Creutzfeldt-Jakob, Vogelgrippe, SARS, Ebola-Virus er- und überlebt, um nur einige zu nennen. Saisonal gibt es Jahr für Jahr eine Grippeepidemie mit statistisch erfassten Toten sowie die Verkündung eines neuen Grippevirenstamms und den dazugehörigen Impfstoff, und auch Masern und Windpocken machen in Schulen und Kitas wieder die Runde. Erstaunt sein, sich aufregen, Betroffenheit zeigen und sich wieder abregen ist das „normale" Verhalten, das aufgeklärte Staatsbürger in nahezu periodischer Abfolge an den Tag legen.

Mit dem Begriff Volksgesundheit werden wir durch die Medien und die zuständigen Politiker immer mal wieder konfrontiert. Als es in Deutschland noch die Wehrpflicht gab, wurde angesichts des mangelhaften gesundheitlichen Zustands der Rekruten mit Sorge auf die allgemeine Volksgesundheit geblickt. Wenn es um Impfstoffe, eine allgemeine Impfpflicht oder eine Kostenexplosion im Gesundheitswesen geht, kommt die Volksgesundheit ebenso zur Sprache. Lasst uns den Begriff Volksgesundheit einmal näher betrachten. Beziehen wir uns zuerst einmal auf den zweiten Teil des Begriffs: Gesundheit. Von mangelnder Azubi- oder Studentengesundheit im Zusammenhang mit Volksgesundheit habe ich allerdings bisher noch nichts gehört. Also, was soll sie euch angehen, könnte man fragen.

Könnte mir jemand einen Unterschied zwischen Gesundheit und Gesundsein benennen?

Nicole: Eigentlich nicht, außer, wenn ich eine Erkältung mit Husten habe, und hoffe, am Wochenende wieder gesund zu sein, weil ich ein Konzert besuchen will, für das ich bereits Karten habe.

Ich: Ok. Folgen wir deinem Beispiel. 1. Du benennst eine Krankheit: Erkältung. 2. Du benennst einen konkreten Anlass, dass du bzw. zu dem du wieder gesund sein willst. Mit dem „um ein Konzert zu besuchen" bringst du zum Ausdruck, dass deine körperliche Befindlichkeit eine Voraussetzung ist, um ein Konzert zu besuchen und es zu genießen. Husten, Schnupfen und Fieber vertragen sich nicht gut mit dem Standpunkt des Genießens, während eine Verabredung mit deinem Freund oder Freundin zum gemeinsamen Gucken einer Neflexserie schon eher in den Bereich des Möglichen rückt. Fällt euch der Unterschied auf?

Lua: Beim Gesundsein ist der Maßstab der, was ich vorhabe, was ich gerade will. Daran bemesse ich, ob meine momentane körperliche Befindlichkeit dazu passt. Gesundheit klingt wie ein allgemeiner Zustand, ganz getrennt von dem, was ich gerade vorhabe. Wie eine allgemeine Potenz.

Ich: Eigentlich haben wir ein recht praktisches Verhältnis zur unserem Körper. Wenn wir beim Dauerlauf schlappmachen, können wir uns überlegen ob es an mangelnder Muskelkondition liegt und ob uns das einen Trainer für mehr Ausdauer wert ist. Wenn jemand einen hohen Berg besteigen will, muss er prüfen, ob seine Lungenfunktion dafür geeignet ist. Einem chronisch Asthmakranken würde man davon abraten. Jemand, der viel liest, wird irgendwann feststellen, dass er eine Lesehilfe braucht, während jemand, der eher fernsieht, vielleicht nie eine Brille benötigt. Unser Interesse, gesund zu sein, bemisst sich immer an unseren individuellen Bedürfnissen und individuellen körperlichen Voraussetzungen. Nur weil wir unsere physischen Voraussetzungen für das praktische Umsetzen eines Willens brauchen, ist es ein allgemein menschliches Bedürfnis, gesund zu bleiben oder zu werden.

Fazit: Unser Interesse ist es, dass nicht unser Körper unsere Interessen diktiert, sondern wir unseren Körper kontrollieren. Unsere Körperlichkeit, brauchen wir als Voraussetzung für unsere Interessensverfolgung, unsere Bedürfnisbefriedigung.

Lua: Aber es gibt ja auch noch die andere Seite. Wenn ich überleben will, muss ich arbeiten gehen, um Geld zu verdienen. Ohne funktionierenden Körper geht das nicht. Ich bin also an meiner Gesundheit interessiert, damit ich gegen Lohnzahlung arbeiten kann. Wenn ich mir den Fuß verstauche, hab ich als Fahrradkurier schlechte Karten.

Ich: Richtig. Wie kommt jetzt die Volksgesundheit in der Argumentation vor?

Aaron: Volk ist ja, wie wir schon beim nationalen Wir besprochen hatten, eine Abstraktion, bei der der Einzelne, also ich als Individuum, nicht gefragt ist, sondern die Gesamtheit der Bevölkerung als Ressource für den Staat. Und wenn der Staatszweck darin besteht, die Vermehrung von Geldreichtum voranzubringen, dann hat Volksgesundheit den Zweck, dafür Sorge zu tragen, dass der Volkskörper immer in dem Zustand ist, der für den Dienst der Geldwirtschaft gebraucht wird.

Laura: Ja, und die gesetzlichen Krankenversicherungen mahnen und locken mit Vergünstigungen, damit man auch ja in der Freizeit vernünftig mit dem Körper umgeht.

Wir hatten uns am Anfang unserer Diskussion, als es um Arbeitszeit und Freizeit ging, über Schäden und Krankheiten unterhalten, die die arbeitende Bevölkerung beständig zu kompensieren versucht, um weiterhin arbeiten zu können, weil die jetzige Gesellschaft keine Alternative zu einem Leben ohne Gelderwerb zulässt. Unser Fazit dazu: *Lohn*arbeit macht krank.

Ich: Wir hatten ebenfalls über Lebensmittel gesprochen, die für uns Verbraucher *Mittel zum Leben* und Überleben sind, für den kapitalistischen Produzenten Mittel des Geschäfts sind. Er will mit dem Verkauf Gewinn generieren – nur deshalb produziert er überhaupt Lebensmittel, sie sind für ihn eine x-beliebige Ware. Wie verträgt sich die Herstellung dieser Lebensmittel mit unserer Gesundheit? Um produzieren zu können, muss der Unternehmer einige Bedingungen erfüllen und die ökonomischen Gesetze berücksichtigen. Vielleicht ist es nützlich, wenn wir uns noch einmal vergegenwärtigen, welche Auswirkungen das uns bekannte, alltägliche kapitalistische Geschäftsgebaren auf unser Leben vor der COVID-19- Pandemie hatte.

Bei der Produktion von Lebensmitteln als Waren, die gewinnbringend verkauft werden sollen, muss der Unternehmer einige ökonomische Gesetze beachten, wie zum Beispiel die Senkung der Preise aller „Zutaten", ich erinnere an unsere Wachstumsdebatte. Das Mittel heißt für ihn Kostensenkung und ist für ihn dann gegeben, wenn er das Verhältnis von Vorschuss zu Ertrag verbessern kann. Wie kann ein Lebensmittelproduzent, der beispielsweise tierische Produkte vermarkten will, das tun?

Nicole: Mit Massentierhaltung und Antibiotika-Aufzucht.

Lua: Mit Kraftfutter statt Weidehaltung.

Ich: Was soll das Schlimme an Massentierhaltung, Kraftfutter und Gabe von Antibiotika im Krankheitsfall sein? Wir sind doch auch froh, wenn wir unsere Erkrankung mit Antibiotika in den Griff bekommen.

Nicole: Die Tiere werden nicht artgerecht gehalten. Egal ob Rinder, Schweine, Hühner, Ziegen, Schafe oder Aquakultur, alle Tiere werden auf engstem Raum zusammengepfercht, sodass sie sich wechselseitig krank machen. Das Antibiotikum bekommen sie schon vorab, weil man weiß, dass die Art der Tierhaltung die Krankheiten hervorbringt oder begünstigt.

Lua: Man kann schon mal eine Extraportion Doping-Präparate verabreichen. Die Tiere bekommen das Kraftfutter mit Anabolika versetzt, damit sie schneller wachsen. Wir bekommen eine Hormondosis gratis, wenn wir uns einen Hamburger bestellen.

Ich: Ja, so geht es in der Praxis zu. Sagt noch mal, warum das so ist.

Aaron: Am Ende geht es darum, dass uns ein Kotelett, ein Schnitzel, eine Hühnerkeule, ein Ei verkauft werden soll. Es wird alles in Stück oder Gramm bemessen. Für den Erzeuger kommt es deshalb darauf an, alle Kosten pro Stück oder Gramm zu senken. Wenn ich zum Bespiel als Landwirt 365 Tage Kraftfutter an meine Tiere verfüttern muss, damit sie schneller wachsen und Gewicht zulegen, dann kommt da ein ganz schönes Sümmchen an Tierfutterkosten zusammen.

Ich: Und bei so einer Ausgabensumme muss ich als Landwirt schon betriebswirtschaftlich kreativ denken. Wenn ich bei einer Million Euro Vorschuss für Tierfutter im Jahr nur

5 Prozent einspare, macht das 50.000 Euro. Ich wäre doch ein schlechter Agrarwirt, wenn ich ein verbilligtes Tierfutterangebot nicht annehmen würde, zumal es sogar noch verbesserte Eigenschaften im Mastbetrieb aufweist. Die Beschleunigung des Mastvorgangs hat beispielsweise eine Beschleunigung der Umschlagsgeschwindigkeit seines vorgeschossenen, von der Bank zwischenfinanzierten Kapitals, in Form des Kredits, zur Folge, weil er das Vieh schneller vermarkten kann. Wenn ich im Hinblick auf diese Praxis nun noch einmal an unser Bild vom Supermarkt als Warenkosmos erinnere, dann könnten wir einen Einkaufswagen mit Kalbfleisch-, Wildfleisch-, Schweinefleisch-, Fisch-, Nudel-, Eier-, Obst-, Gemüse-, Bier-, Wein- und Milchskandalen füllen – lauter Unappetitlichkeiten für den Endverbraucher. Rückrufaktionen von Lebensmitteln sind mittlerweile der Normalfall.

Nicole: Bei Lebensmitteskandalen der letzten Jahre fallen mir sofort Geschichten zur Vogelgrippe ein. Millionen Tiere mussten getötet und vernichtet werden.

Ich: Das eben angeführte Beispiel Tierfutter steht dafür, dass es eine globale flächendeckende Ernährungswirtschaft gibt, deren Forschungsabteilungen ständig daran arbeiten, Stoffe mit besonderen Eigenschaften zu entwickeln, die die Lebensmittelherstellung verbilligen. Verbilligen heißt nicht, sie bekömmlicher zu machen.

Laura: Aber was hat das alles mit dem Corona-Virus und der Krankheit Covid-19 zu tun? Das Virus wird doch gar nicht von Nutztieren auf den Menschen übertragen.

Nicole: Doch, zumindest wird davon zurzeit ausgegangen.

Durch massive Abholzung der Wälder und Wachsen der Städte haben die Mikroben Wege gefunden, den menschlichen Körper zu erreichen. Wenn der Lebensraum für Tiere nicht mehr gegeben ist, dann landen Vögel in unserem Vorgarten. Für den Vogel ist Baum gleich Baum. Bei der Massentierhaltung wird nicht nur billiges, krank machendes Tierfutter verwendet, in der Jauche lassen sich auch Varianten von Colibakterien nachweisen, die nicht im menschlichen Darm zu Hause sind, aber allein in den USA jedes Jahr 90 000 Menschen krank machen. Das reicht von blutigen Durchfällen und Fieber bis zum akuten Nierenversagen.

Mehr als 900 neuartige Viren, schreibt die Wissenschaftsjournalistin Sonia Shah, wurden identifiziert.[36] Zu diesen Stämmen zählt auch das Corona-Virus, das dem Sars-Virus ähnlich ist. Normalerweise wären Menschen Tieren in freier Wildbahn und denen in Käfigen auf den sogenannten wet markets gar nicht begegnet. Da können die munter hin und her springen.

Ich: Menschen und Viren müssen seit dem Ackerbau und der Nutztierhaltung miteinander auskommen. Die Frage ist nur, wie. Worauf ich hinauswill: Wenn die auf Wachstum beruhende kapitalistische Produktionsweise global

- auf immer mehr Anbauflächen für Monokulturanbau zugreift,
- beständig Land, Luft und Wasser ohne Rücksichten benutzt und damit vernutzt, also Grundwasser, Seen, Flüsse und Meere mit Schadstoffen kontaminiert,

---

[36] Sonia Shah: Woher kommt das Coronavirus? In: Le Monde diplomatique, 12.3.2020, S. 47.

- die Luft so stark mit Feinstaub belastet, dass Fahrverbote ausgesprochen werden, damit „Grenzwerte" eingehalten werden,
- „Vorerkrankungen" akkumuliert, die durch Belastungen aller Art, die der Kapitalismus aufzufahren hat, im Lebenszyklus angelegt sind,

wenn also die Methode der Lebensmittelproduktion und die produzierten Lebensmittel selbst unsere Organe und unser Immunsystem einem ständigen Dauertest auf ihre Beanspruchungsfähigkeit aussetzen, von Krebs über Allergien, resistente Keimen bis hin zu Viren, gegen die es nur bedingt Gegenmittel gibt, dann kann die Ökonomie, die bei uns „die Wirtschaft" heißt, das nur, weil es eine politische Gewalt gibt, die diese Methode des Geschäftemachens erlaubt und fördert.

Das war jetzt ein langer Satz mit vielen Wenns. Ich versuch es noch einmal andersherum: Es gibt eine politische Herrschaft, die diese Methode des Geschäftemachens lizensiert, weil die kapitalistische Reichtumsproduktion das Lebensmittel des Staates, der Nation, ist. Es sind also programmatische Zumutungen, denen wir ausgesetzt werden.

Meine These: Allergien, Verseuchung, Ansteckung mit Erregern, denen der menschliche Körper nicht gewachsen ist, sind der Preis, der zu zahlen ist, wenn man ein Leben unter kapitalistischen Produktionsbedingungen akzeptiert.

Lua: Daher ist es beispielsweise zynisch, bei den Corona-Toten unterschiedslos von *Vor*erkrankten zu sprechen.

Ich: Ein guter Hinweis. Der Generalsekretär der Europäischen Allianz für Öffentliche Gesundheit hat dazu einmal ein treffendes Beispiel geliefert. Er meinte: „Das jahrelange

Einatmen dreckiger Luft dürfte die Gesundheit jener geschwächt haben, die jetzt im Kampf auf Leben und Tod gegen COVID-19 stecken."[37]

Gast: Aber es gibt doch Labortests und Grenzwerte, die die Unbedenklichkeiten bescheinigen!

Ich: Einmal unabhängig davon, wie die Testverfahren zu bewerten sind, leben wir doch nicht in der Petrischale. Genau so wird aber gemessen und beurteilt. Es heißt, die Dosis mache das Gift. Das, was für die Erzeugung von kapitalistisch industriell produzierten Lebensmitteln gilt, gilt auch für alle anderen Dinge des täglichen Bedarfs, vom Haarfärbemittel bis zum Babyschnuller. Während es für den einen die Unverträglichkeit *eines* Stoffes ist, die eine Allergie auslöst, ist es bei dem anderen die Wechselwirkung aus der Kombination von zwei oder drei Stoffen, die eine Unverträglichkeit auslöst. Wie und mit welcher Wirkung Stoffe schädlich bis tödlich für unseren Körper werden, weiß keiner bzw. interessiert keinen, solange daraus kein Massensterben wird – soll heißen, die Funktionalität des Volkes für den Dienst am Wirtschaftswachstum nicht gefährdet ist.

Laura: Wenn dem so wäre, dann müsste es für jedes Lebensmittel einen Beipackzettel geben, der die Risiken und Nebenwirkungen als Haftungsanspruch ausschließen soll. Bei 300 zugelassenen Zusatzstoffen kommt da eine ganz schön lange Liste zusammen.

---

[37] EPHA-Generalsekretär Sascha Marschank, Europäische Allianz für Öffentliche Gesundheit, Brüssel 31.03.2020, in: Elbe-Jeetzel-Zeitung EJZ /RND vom 02.04.2020.

Lua: Es gibt Länder, da kostet eine Flasche Wasser mehr als eine Flasche Limo, sprich Zuckerwasser. Wenn ich mich richtig erinnere, dann sterben an Diabetes II stündlich weltweit drei Menschen, und 1500 Neuerkrankungen kommen jeden Tag hinzu.[38] Bei dieser Sterberate müsste COVID-19 noch ganz schön zulegen.

Ich: Was willst du damit sagen?

Lua: Was ich damit sagen will ist, beim Umgang mit der Corona Krise kann es doch nicht allein um die Corona-Toten gehen! Es geht doch gar nicht darum, Menschenleben zu retten!

Laura: Das denke ich mittlerweile auch. Für die europäischen Länder hat die Weltgesundheitsorganisation WHO einige nicht übertragbare Krankheiten benannt. Zu diesen zählen Diabetes, Herz-Kreislauf-Erkrankungen, Krebserkrankungen und chronische Atemwegserkrankungen sowie psychische Störungen. Zusammen sollen sie 86 Prozent der Krankheitslasten und 77 Prozent der Todesfälle bilden.

Ich: Dein Hinweis verdeutlicht noch einmal, dass Krankheiten sich durch Dauerbelastungen chronisch manifestieren und das Immunsystem gegen null fahren. Die aufgezählten „Volksseuchen" mit ihrer hohen Sterblichkeitsrate sprechen eine deutliche Sprache: Wir haben ein Gesundheitssystem, in dem die Krankheitsrate über der Sterberate liegt, das jedes Jahr mit einer Grippe-Epidemie und den dazugehörigen dreistelligen Todesopfern rechnet.
Das ist die Realität, mit der sich die Bevölkerung arrangiert und deren gesundheitspolitischer Umgang damit als ver-

---

[38] Quelle: www.diabetesde.org. Abruf 19.4.2020.

nünftig gilt. Der gesundheitliche Schaden für die Bevölkerung ist demnach ein gewusster. Weil der Schaden für die Bevölkerung systemimmanent ist, schaut der Staat ständig auf die Wirkungen, die die Reichtumsproduktion an seinen Bürgern hinterlässt bzw. hervorbringt. Auskunft geben ihm die Statistiken der Krankenkassen, und zu den entgegenwirkenden Maßnahmen zählt der sogenannte Verbraucherschutz. Im öffentlichen Sprachgebrauch heißen die ausgemachten Schädigungen dann Nebenwirkungen und neuerdings auch Kollateralschäden.

Lua: So heißen doch die zivilen Opfer, die bei den Friedensmissionen an den Außengrenzen anfallen.

Aaron: Statistiken der Corona–Krise weisen penibel differenziert Erkrankte, Tote und Genesene auf. Die Schäden, die durch die Krankheit COVID-19 bei den sogenannten Genesenen entstehen, sind dann ja wohl die Vorerkrankungen oder Nebenwirkungen von morgen. Der Virologe Karl Lauterbach wusste schon im Sommer 2020, dass das Corona-Virus massiv kleine Gefäße im Gehirn, in Lunge und Nieren angreift. „Sars-CoV-2 löchert die quasi, die werden auch niemals wieder richtig dicht. Alles wie im Zeitraffer. Ihnen fehlen dann mit 70, nach hinten raus, zehn Jahre".[39]

Ich: Wie schon gesagt: Damit das eingerichtete Produktionsverhältnis, dessen Zweck die Geldvermehrung ist, trotz der in Kauf genommenen schädlichen Wirkungen an der Bevölkerung keine dauerhaften Schäden erleidet, gibt es den Standpunkt der Volksgesundheit. Ihr erinnert euch an unsere Debatte? Für die Betreuung und Verwaltung der notwendig anfallenden Kranken betreibt der Staat ein extra Minis-

---

[39] Quelle: Hamburger Abendblatt, 8.7.2020.

terium. Dass der Staat auch mit größeren flächendeckenden Krankheiten rechnet, ist daran zu erkennen, dass es ein Seuchenschutzgesetz gibt, über dessen Inhalt wir je länger eine Seuche dauert, mehr und mehr durch die Medien erfahren. So rechnet der Staat damit, dass der normale kapitalistische Alltag Störungen erfährt und die Sicherheit und Ordnung für den Fortgang des gesellschaftlichen Geschäftslebens nicht mehr uneingeschränkt gewährleistet sind, wenn eine Seuche sein Territorium und sein Staatsvolk durchdringt. Das Vertrauen des Staates in seine Bürger, sich der Situation angemessen zu verhalten, ist nur bedingt gegeben. Deshalb beinhaltet das Seuchenschutzgesetz auch einige Paragrafen wie z. B. §§ 22 und 23, die es erlauben, andere gewährte Grundrechte außer Kraft zu setzen. Wenn der Staat, wie in unserem Fall, in COVID-19 einen Krisenfall und einen Staatsnotstand sieht, dann ist er nicht überrascht, dass es einen solchen Fall gibt. Überrascht ist er, mit welcher Wucht, Intensität, mit welcher neuen, bisher im Umgang nicht erprobten und bekannten Qualität und Quantität das Virus zu Werke geht. Er ist davon überrascht worden, dass seine Spezialisten keine verlässlichen Modelle haben, die einen *kalkulierten* Umgang mit der Epidemie und einem üblichen kalkulierten Restrisiko zulassen. Das sind die statistischen Opfer, die in Kauf genommen werden.[40]

Je mehr der Staat über das Virus und sein Wirken Bescheid weiß, je mehr er die Risiken von seinen „Modellierern" in Modelle abbilden kann, desto mehr wird von Kollateralschäden, Nebenwirkungen oder Restrisiken gesprochen, die es in Kauf zu nehmen gilt, damit die Wirtschaft wieder in Schwung kommt.

---

[40] Dass es kein staatlich verbrieftes Recht auf Unversehrtheit des Körpers gibt, hat Bundestagspräsident Schäuble noch einmal in seiner Rede klargestellt. Höher (!) als das Leben, ist die *Würde* des Menschen.

Die Staatenwelt im „Testmodus und Katastrophenschutzprogramm" – ob gewollt oder ungewollt, verschuldet oder unverschuldet, global sind bei einer Pandemie zunächst alle von den staatlichen Maßnahmen zu ihrer Bewältigung betroffen. Die einen früher, die anderen später. Worin oder wovon sind nun *alle* betroffen? Herauszufinden, was das Corona-Virus zur größten staatlichen Herausforderung seit dem Zweiten Weltkrieg macht, wäre sicherlich ein lohnender Gegenstand. Zumal der gesellschaftliche Verlauf der COVID–19–Krise alle Momente einer Gesellschaftskritik enthält, die wir in Teilen schon diskutiert haben. *
Drei staatstragende Statements könnten zugleich drei Thesen der Pandemiebewältigung markieren:

Come home! Die Staaten sortieren ihre Völker auseinander und *beanspruchen* sie, auch in Krisenzeiten, egal wo auf der Welt, jeweils *exklusiv* als ihre.
Stay at home! Der erlaubte Materialismus des Bürgers wird in auf den Gehorsam und Materialismus des *Staats*bürgers verpflichtet – Krise, Nation, Volk und Volksgesundheit.
No limit for cash! Egal, welche Folgen die Epidemie mit sich bringt, der Staat wird mit seiner Gewalt und Verschuldungsfähigkeit dafür Sorge tragen, dass der Dienst am Privateigentum weitergeht.
Wenn es keine Fragen, Ergänzungen oder Einwände gibt, machen wir an dieser Stelle erst einmal Schluss.

---

* Verbände, Parteien und Politiker integrieren die Corona Pandemie in ihr Profilierungsportfolio und erklären sie damit zum Normalfall der Risiken, die das Leben in Demokratie und globalem Kapitalismus mit sich bringen. Lobbyisten haben während der Pandemie voll auf damit zu tun, die zuständigen Gerichte und Politiker davon zu überzeugen, das potenzielle Tote nicht in denen von ihnen vertretenen Gewerbe- oder Kulturbetrieben anfallen und deshalb auf eine „differenzierte Risikoeinschätzung unter Berücksichtigung der existenzbedrohenden wirtschaftlichen Einbußen" stattfinden muss. Was auch sonst schließlich lebt das kapitalistische Wachstum nicht vom schleichenden Tod allein.

Warum-Fragen wollen Antworten

Aus unseren bisherigen Gesprächen habe ich folgende Fragen als Zwischenfazit formuliert:

Was ist es, das uns beteuern lässt, die beste aller Möglichkeiten gewählt zu haben?

Warum erscheint uns Wachstum als gesellschaftlicher Zweck als erstrebenswert, das heißt als Ziel, am Ende ein Mehr an Geld als vorher haben zu wollen?

Warum beharren wir auf einer Methode der Herrschaftsbestellung, in der beispielsweise eine Stimme auschlaggebend ist, etwas zu wollen, was Millionen nicht wollen?

Warum versöhnen wir die täglich wahrgenommenen Widersprüche, die Elend und Armut hervorbringen, mit einer Ethik des Spendens und Weitermachens?

Warum reicht es uns, alles Schlechte dieser Welt outzusourcen in Menschenrechtskommissionen, internationale Gerichtshöfe, UNO-Vollversammlungen, Bad Banks und dergleichen?

Was treibt uns, in einer Welt von bürgerlichen Staaten leben zu wollen, die uns täglich den Spiegel ihrer Taten und Resultate in Form von Statistiken, Gutachten, Rankings, Live-Übertragungen des Sterbens, des Elends, von Armut und Gewalt vorhalten?

Warum erscheint uns das alles als Preis unserer Freiheit plausibel?

Teil IV

Was tun?

Idealstaatskonzepte

Ich: Wir können unsere Ausgangsfrage auch anders formulieren. Was müssen wir für ein „gutes Leben" tun oder lassen? Bei unserer bisherigen Betrachtung und Diskussion haben wir entdeckt, dass die höchste Maxime staatlichen Gemeinwesens wirtschaftliches Wachstum ist, für das lauter Widersprüche überbrückt und ausgetragen werden müssen – Gegensätze, die nicht versöhnbar sind, aber durch staatliches Handeln in Form von Gewalt und Gesetzen „versöhnt" werden. Wir wollen Erdbeermarmelade und bekommen Vierfrucht-Marmelade mit dem Hinweis: Ist doch auch Marmelade, alles kann man nicht haben. Wir wollen aber gar nicht alles – um im Bild zu bleiben –, sondern Erdbeermarmelade. Vereinfacht ausgedrückt lautet unsere Frage: Gibt es Alternativen des Gemeinwohls, bei denen es um Erdbeermarmelade geht? Die Erdbeermarmelade steht jetzt stellvertretend für ein gutes Leben ohne Existenzangst, ein Leben, in dem es gerecht zugeht, also alle individuellen Unterschiede als Ungleichheit anerkannt sind, dass also jeder nach seinen Fähigkeiten leben kann. Die Freiheit besteht darin, keine Existenzsorgen zu haben, ein Leben, in dem der Bedarf des Einzelnen der Maßstab der Gemeinschaft ist.
Ich habe die von euch zur Vorbereitung der Utopien-Diskussion unterschiedlichen Zitate zu Staat und Gesellschaft zusammengestellt:

John Locke (1632–1704):

Der Naturzustand „ist der Zustand völliger Freiheit," – jetzt kommt die Relativierung – „innerhalb der Grenzen des Naturrechts ihre Handlungen zu regeln und über ihren Besitz und ihre Personen zu verfügen, weil sie es für am besten halten, ohne die Erlaubnis eines anderen zu fordern oder von seinem Willen abzuhängen."[41]

Charles Montesquieu (1689–1755):

„In einem Staate, das heißt in einer Gesellschaft, wo es Gesetze gibt, kann die Freiheit nur darin bestehen, tun zu können, was man wollen darf, und nicht gezwungen zu werden, das zu tun, was man nicht wollen darf" (Geist der Gesetze XI, 3 u. 4 „Was die Freiheit ist").

„Obgleich im Allgemeinen alle Staaten einen gleichen Zweck haben, nämlich in der Selbsterhaltung, so hat doch jeder Staat noch einen besonderen Zweck für sich: Rom die Vergrößerung, Lakedemon den Krieg ..."[42]

zu Aristoteles (384–322 v. Chr.):

„Aristoteles stellt der Chremalistik die Ökonomik entgegen. Er geht von der Ökonomik aus. Soweit sie Erwerbskunst, beschränkt sie sich auf die Verschaffung der zum Leben

---

[41] Alfons Fitzek, Staatsanschauung im Wandel der Jahrhunderte. II Von Luther bis zur amerikanischen Unabhängigkeitserklärung, Paderborn 1977, S. 82.
[42] Fitzek 1977, S. 86.

notwendigen und für das Haus oder den Staat notwendigen Güter."⁴³

Jean-Jacques Rousseau (1712–1778):

„Aus meiner Darstellung geht hervor, dass die Ungleichheit, die im Naturzustand so gut wie nicht vorhanden war, infolge der Entwicklung unserer Fähigkeiten und der Fortschritte des menschlichen Geistes mächtig geworden ist und sich ausgebreitet hat, bis sie schließlich durch die Einführung des Eigentums und der Gesetze dauerhaft und legitim wurde"⁴⁴ (op. cit., p. 125, in: Eva Hesse, Wurzeln der Revolution, S. 59).

Demokrit: (um 460–371 v. Chr.)

Fragment 251: „Die Armut in einer Demokratie ist um so viel besser als das sogenannte Glück am Hofe der Mächtigen, wie die Freiheit besser ist als ein Sklavendasein"

Fragment 252: „Von allen Angelegenheiten muss man die des Staates als die wichtigste erachten, die Frage nämlich, wie er gut regiert wird. Man darf weder wider Recht und Billigkeit streitsüchtig sein noch sich eine Macht gegen das Allgemeinwohl anmaßen. Denn ein wohlregierter Staat ist die großartigste Einrichtung, denn alles ist darin beschlossen: Gedeiht er, gedeiht alles, stürzt er zusammen, stürzt alles zusammen."⁴⁵

---

43 Eva Hesse, Die Wurzeln der Revolution. Theorien der individuellen und der kollektiven Freiheit. München 1974, S. 207.
44 Hesse 1974, S. 59.
45 Alfons Fitzek: Staatsanschauungen im Wandel der Jahrhunderte. I. Von Demokrit bis Thomas Morus, Paderborn 1965, S. 10.

Marcus Tullius Cicero (106–43 v. Chr.):

„Der Staat ist nichts anderes als das Volk. ... eine Vereinigung einer Mehrzahl von Menschen, die sich durch übereinstimmendes Recht und zum gemeinsamen Nutzen miteinander verbunden haben. Nicht aus Schwäche, sondern von Natur des Menschen eingepflanzter Geselligkeitstrieb ... Aus einer zerstreuten und umherschweifenden Menge ist durch Zusammenschluss ein Staat entstanden."[46]

Platon (427–347 v. Chr.):

„Nach meiner Meinung ... entsteht der Staat, weil keiner von uns sich selbst genügen kann, sondern jeder viele andere nötig hat ... und weil wir gar viele nötig haben, so versammeln wir auch ihrer viele als Genossen und Helfer zu einer einheitlichen Siedlung und dieser Gesamtsiedlung geben wir den Namen Staat."[47]

Karl Marx (1818–1883):

„Die innere Tendenz als äußerliche Notwendigkeit"

„Aus dem Widerspruch des besonderen und gemeinschaftlichen Interesses nimmt das gemeinschaftliche Interesse als Staat eine selbständige Gestaltung, getrennt von den wirklichen Einzel- und Gesamtinteressen an" (MEW, Deutsche Ideologie, S. 33).

„Die einfache Warenzirkulation, der Verkauf für den Kauf, dient zum Mittel für einen außerhalb der Zirkulation liegen-

---

[46] Fitzek 1965, S. 51.
[47] Platon, Der Staat. München 1991, S. 79. Auf S. 163 setzt Platon Stadt und Staat als Synonym gleich.

den Endzweck, die Aneignung von Gebrauchswerten, die Befriedigung von Bedürfnissen. Die Zirkulation des Geldes als Kapital ist dagegen Selbstzweck, denn die Verwertung des Werts existiert nur innerhalb dieser stets erneuerten Bewegung" (Das Kapital I, II, 4).

Ich: Wenn wir von Utopie sprechen, ist damit im allgemeinen Verständnis von einer realitätsfremden Wunschvorstellung die Rede: schöne Vorstellung, aber leider nicht machbar. Das ist noch wohlwollend ausgedrückt, aber eher im Sinne von „verschrobenes Retro-Weltbild eines verirrten (Juso-)Fantasten" gemeint.
Im ursprünglichen Wortsinn bedeutet Utopie Unort, der nicht existente Ort; erfunden hat ihn Thomas Morus, indem er seine staatsphilosophische Schrift 1516 *Utopia* nannte.[48] Einige Jahre zuvor, um genau zu sein 370 Jahre v. Chr., schrieb Platon seine Utopie *Der Staat*.[49] 1842 schrieb Wilhelm Weitling seine Idealvorstellung von einem gerechten Staat in *Garantien der Harmonie und Freiheit*.[50] Alle drei Staatsentwürfe waren nicht als nur Fiktion, sondern als ernst gemeinte Vorschläge für ein gutes Leben und als Antworten auf die Übel ihrer Zeit gemeint. Alle drei Utopien zeigen, wie unverkrampft man über die Methode der Herrschaftsbestellung zum Staatmachen in der jeweiligen Zeit diskutiert hat. Sie stehen für ihre jeweils entwickelte ökonomische Voraussetzung, und die Utopien zeigen, dass moralisch-ethische Vorstellungen über einen Zeitraum von mehr als 2000 Jahren bis heute ihre Gültigkeit behalten haben: die Versöhnung von partikularen und allgemeinen

---

[48] Thomas Morus: Der utopische Staat. Reinbek Reprint 1964.
[49] Platon 1991.
[50] Wilhelm Weitling: Garantien der Harmonie und Freiheit. Stuttgart 1974, Reprint von 1842.

Interessen, die Identitätsstiftung von Volk und Führung. Wenn wir die genannten Utopien nicht unter Märchenstunde von „verirrten Fantasten" abtun wollen, weil sie mit unserem global entwickelten Kapitalismus praktisch so gar nichts zu tun haben, dann deshalb, weil die Autoren ernsthaft darüber nachgedacht haben, wie ein gutes Leben möglich sein kann. Ihnen sind Widersprüche aufgefallen, die sie versucht haben zu analysieren, zu erklären und Schlüsse daraus zu ziehen, die sie immerhin dazu geführt haben, eine Urgesellschaft zu formulieren, eine Gemeinschaft, die heute modern Kommune bzw. deren Gemeinschaftsform später Kommunismus genannt wird. Heute greifen Staatsideologen jeglicher Couleur in die „Mottenkiste der Geschichte", um ihre jeweilige Herrschaftsausübung als geschichtlich geworden oder als Errungenschaft, die es zur verteidigen gilt, darzustellen. Was konntet ihr als Motiv für Platons Staatsabhandlung ausfindig machen?

Platon – Der Staat

Lua: Platons Motiv für seine Staatsabhandlung speist sich aus seiner Enttäuschung über die bestehenden demokratischen Stadtstaaten seiner Zeit. Sein Befund war: schlechte Verfassung, Vetternwirtschaft, „unheilbarer gesetzlicher Zustand ..., wenn nicht eine wunderbare Neuorganisation unter günstigen Umständen ihnen zu Hilfe kommt."[51]

Ich: Platons Kritik speist sich also nicht aus dem Herrschaftsverhältnis von Volk und Führung an sich, sondern aus dem falschen Umgang mit der Macht. Ihn interessieren

---

[51] Störig 1973, S. 155.

nicht die ökonomischen Verhältnisse als Voraussetzung, um Staat machen zu können. Woher der Reichtum der Gesellschaft kommt, was die Grundlage für Vetternwirtschaft im Stadtstaat ist, das ist für ihn nicht von Interesse im Unterschied beispielsweise zu Aristoteles, der versucht hat, sich zu erklären, was Geld und Tauschwert sind. Bei Platon bestimmt nicht die Basis den Überbau, sondern der Staat wird getrennt von der ökonomischen Basis aus der Natur des Menschen abgeleitet. Platon sagt, dass „[...] entweder das Geschlecht der rechten und wahren Philosophen in den Staaten zur Regierung gelangt, oder die Machthaber in den Staaten infolge einer göttlichen Fügung wirklich Philosophen werden."[52]

Platons Staat könnte man auch eine PR-Schrift für Philosophen nennen. Einige Hinweise auf die ökonomische Verfasstheit der platonischen gesellschaftlichen Verhältnisse werden gegeben. Die Begründung für eine staatliche Form, die das Zusammenleben der Individuen organisiert und notwendig macht, wird von Platon nicht vorenthalten, ist sie doch notwendige Voraussetzung für eine – oder seine – „perfekte Herrschaft".

Gleich im ersten Buch wird Kephalis von Sokrates gefragt: „Hast du dein Vermögen geerbt oder selbst erworben?"

Kephalis antwortet: „Was soll ich denn schon erworben haben, Sokrates? Mit meinem Besitz stehe ich etwa in der Mitte zwischen meinem Großvater und dem Vater. Mein Großvater erbte ein Vermögen etwa von der Größe, wie ich es besitze, und vermehrte es um ein Vielfaches. Mein Vater Lysanias [...] ließ es noch kleiner werden, als es jetzt ist."

Geldreichtum wird hier betrachtet als Schatzbildung. Geld hat man, es wird ausgegeben, um Güter für die Bedarfsbe-

---

[52] Platon 1991, S. 155.

friedigung zu kaufen. Es findet Tauschhandel auf der Ebene Ware gegen Geld und Geld gegen Ware statt. Die Ware hat schon die Eigenschaft des zweifachen Gebrauchswertes, einmal als Gebrauchswert, z. B. Schuh zu sein, und einmal als Gebrauchswerteigenschaft, sich gegen Geld zu tauschen. Platon macht sich auch Gedanken über Arbeitsteilung und das Zustandekommen des Gütertauschs. Die Tatsache, dass sich Platon staatsphilosophische Gedanken als Lebensaufgabe über die beste Regierungsform machen kann, unterstellt jedoch, dass die Gesellschaft so reich ist, dass sie Platon und Seinesgleichen von der Notwendigkeit der gesellschaftlichen Reproduktion freistellen konnte. Andere Teile der Gesellschaft im Stadtstaat mussten so viel erwirtschaften, dass sie sich die Freistellung Platons von den alltäglichen Notwendigkeiten leisten konnten.

„Wie sollen sie da einander liefern, was ein jeder herstellt? Gerade deshalb haben wir ja die Gemeinschaft gebildet und den Staat gegründet. Offenbar geschieht das doch durch den Kauf und Verkauf. Somit bekommen wir also einen Markt und als gültiges Tauschmittel das Geld."[53]

Der Staat selbst tritt quasi als vermittelnder Dienstleister auf, um der Menschennatur auf die Sprünge zu helfen. Gegründet wird der Staat, weil von Natur aus kein Individuum sich selbst genügt. „Nach meiner Meinung [...] entsteht der Staat, weil keiner von uns sich selbst genügen kann, sondern jeder viele andere nötig hat [...] und weil wir gar viele nötig haben, so versammeln wir auch ihrer viele als Genossen und Helfer zu einer einheitlichen Siedlung, und dieser Gesamtsiedlung geben wir den Namen Staat" (Platon, Der Staat, S. 78).

---

[53] Platon 1991, S. 82, 2. Buch F 371 a-c

Nicole: Woher will er denn wissen, dass man viele andere nötig hat, und wie viele sind es?

Ich: Es gibt keine mathematische Gleichung. Platon denkt da sehr interessiert rückwärts. Er sieht, was er alles für sein Leben braucht, und schreibt jedem Bedürfnis eine gesellschaftliche Funktion zu. Viele unterschiedliche Bedürfnisse gleich viele Funktionen. Viele Funktionen gleich viele Menschen, die sie ausüben. Ausgangspunkt für die gemeinschaftlichen Zusammenschlüsse sind allgemeine menschliche Bedürfnisse. „Das erste und größte Bedürfnis ist aber die Beschaffung der Nahrung, damit man sein und leben kann. Das zweite geht nach einer Wohnung, das dritte nach Kleidung und solchen Dingen." Über gültiges Geld haben wir schon einiges in den vergangenen Diskussionen erfahren. Und weil Platons Genossen sich nicht nur mit Nahrung, Wohnung und Kleidung zufriedengaben, sondern auch noch andere Dinge des täglichen Bedarfs wollten, reichte der Platz in der Stadt als Produktionsstandort nicht mehr aus, weshalb man expandieren musste, um Weideland für Schafe und Land zum Bauen zu haben. Dies wiederum bedeutete Ärger mit den Nachbar-Stadtstaaten, weshalb man wiederum Krieg führen musste, da auch sie über das „Maß des Notwendigen hinausgehen und sich dem unbegrenzten Erwerb von Gütern ergeben." Hier schwingt eine Kritik bei Platon mit. Wir haben damit den Grund für den Krieg entdeckt, der nach Platon zu vermeiden wäre, wenn die Gesellschaft sich auf die für sie notwendigen Dinge des Lebens in einem Stadtstaat beschränken würde. Was das Maß für eine Notwendigkeit ist und wie er es bestimmen will, bleibt offen. Nur aus „überzogenen Forderungen" entsteht die Notwendigkeit zur exterritorialen Expansion. Ungezügeltes Wachstum des Bedarfs ist bei Platon ein Kriegsgrund. Modern nennt man das Imperialismus. Ihr erinnert euch an das Stichwort Handelskrieg? Arbeitsteilung und Kooperation mit dem Nachbar-Stadtstaat, den anderen „Gesamtsiedlungen", scheiden von vornherein aus, weil es die Konzeption seines Idealstaats infrage stellen würde. In Platons „Klassenstaat" finden wir einige Begrifflichkeiten, die wir auch heute noch als in unsere Gesellschaft übertragbar vermittelt bekommen. Sie haben aber, außer dass sie dem Namen nach gleich lauten, nichts mit dem modernen Klassenstaat seit dem 19. Jahrhundert zu tun. In Platons Staat gibt es neben der Klasse der Regenten Wächter und Produzierende, „aber auch noch eine andere Art von Gehilfen. Nach ihrem Verstand (!) verdienen sie zwar kaum, in die Gemeinschaft aufgenommen zu werden, doch macht sie ihre Körperkraft (!) für schwere Arbeit geeignet. Diese bringen dann die Verwendung ihrer Kraft auf den Markt; den Preis dafür nennen sie Lohn und werden daher, glaube ich, Lohnarbeiter genannt [...]" (Der Staat). Zur Erinnerung: Am Anfang von Platons Rede sollte die Staatsgründung Ausdruck eines dem Menschen ureigenes, in der Natur des Menschen liegenden Bedürfnisses sein. So viel zum Thema: Ab wann ist ein Mensch ein Mensch? Elite und Rassismus bei Platon.

In einer Gesellschaft, zu deren selbstverständlicher ökonomischer Grundlage die Sklavenhaltung gehört, gibt es keine Mehrwertproduktion. Sklaven wurden als natürlicher Familienbesitz gehalten, behandelt und benutzt.

Exkurs: Moderne Sklaverei

Aaron: Das erinnert mich an Indien. Obwohl Indien als das Land mit der größten gelebten Demokratie gilt, hält es sich ein Kastenwesen. Reiche und Beamte halten sich Haussklaven, auch in einer 3-Zimmer-Etagenwohnung. Die leben und wohnen mit ihrem Herrn und schlafen in der Küche auf dem Boden. Die Macht spiegelt sich in der Macht der Wirtschaft wider, die von wenigen Familienclans wie den Tatas ausgeübt wird.

Laura: Dass Frauen wie Eigentum und Sklavinnen behandelt wurden, ist bei uns ja auch noch nicht so lange her. In den arabischen Ländern ist es im 21. Jahrhundert völlig normal, dass Frauen quasi Sklavinnen der Männer sind. Trotzdem ist es für westliche Demokratien, solange sie Geschäfte machen können, überhaupt kein Widerspruch, diese Staaten zu hofieren.

Lua: Was dann jawohl gegen beide spricht, gegen die Hofierten und gegen die Hofierer.

Ich: Was ihr beide angesprochen habt, sind einerseits Reste einer patriarchalischen Gesellschaftsform und andererseits Anpassungen und Zugeständnisse an die Konventionen kapitalistischen Geschäftsgebarens für die Teilhabe am Weltmarkt. Es ergibt aber Sinn, noch einmal auf die ökonomische Basis der von euch angeführten Staaten zu schauen. Wenn ihr schon Vergleiche von Platon zur „modernen" Sklaverei des 21. Jahrhunderts zieht, sollten wir einmal festhalten, was ihre Grundlagen sind, sonst bleibt an der Kritik an der Sklaverei nur ihre moralische Verurteilung als „schlimm" übrig. Indien gilt als sogenannte important industrialized and developing economy, bei uns besser unter dem Begriff Schwellenland bekannt. Das bedeutet, es hat seine agrarische Struktur zugunsten einer weltmarkttauglichen Industrialisierung und eines Dienstleistungssektors weitestgehend aufgelöst – eine Folge davon, dass es

Millionen Menschen gibt, die zum Betteln oder Sterben verurteilt sind, weil es für sie keine Reproduktionsmöglichkeiten gibt.

Nicole: Ist mit keine Reproduktionsmöglichkeit gemeint, dass sie keine Subsistenzwirtschaft, keine Selbstversorgung betreiben können, weil sie kein Land mehr besitzen, ...

Ich: ... oder keinen Arbeitsplatz, weil es niemanden gibt, der mit ihrer Arbeitskraft ein lohnendes Geschäft bewerkstelligen will. Ein „moderner Haussklave" hat für indische Verhältnisse vor diesem Hintergrund „großes Glück" gehabt. Er ist dem Sterben entkommen, weil er jetzt zu Essen und einen überdachten, sicheren Schlafplatz hat. Er gehört nicht mehr zu den Millionen Homeless. Seine Herren müssen sich den „Haussklaven" leisten können, denn er ist ein Esser mehr in der Familie. Funktional betrachtet ist er Reproduktionsgehilfe des Hausherrn oder der Hausdame. Bei uns sind Reproduktionsgehilfen, ob Reinigungskraft, Nanny oder philippinische Altenpflegerin, als professionelles Dienstleistungsgewerbe gegen Lohn, manchmal auch mit staatlicher Förderung organisiert. Dazu gehört die passende Ethik, hier genauso wie in Indien. Man hat einer ansonsten chancenlosen Seele etwas Gutes getan. Stellt die gute Seele Ansprüche, bekommt sie zu hören, wie undankbar sie ist.

Laura: Die Unterdrückung von Frauen und Quasi-Versklavung in Saudi-Arabien kann man doch nicht mit hiesigen prekären Arbeitsverhältnissen gleichsetzen!

Ich: Das ist auch nicht mein Anliegen. Lass mich meinen Gedanken kurz darlegen; im Fall Saudi-Arabiens sieht es nämlich etwas anders aus als in Indien. Auch dort haben Frauen eine Reproduktionsfunktion. Sie gebären den Oberhäuptern ihren Nachwuchs. Gewünscht sind männliche Nachkommen.

Laura: Ja toll, den weiblichen Nachkommen werden die Pässe weggenommen und die Brüder dürfen bei den kleinen Schwestern schon mal üben, wie es sich anfühlt, eine Frau zu befummeln und zu besitzen. Macho-Sein will auch gelernt werden. Ganz abgesehen von den „de facto-Sklaven", den Gastarbeitern, die in Haushalten wie sexuelles Freiwild gehalten werden.

Ich: Deine Abscheu in Ehren. Ironischerweise sind die größte Gruppe der Gastarbeiter in Saudi-Arabien Inder. Ich möchte aber folgende Frage stellen: Womit finanziert der Patriarch oder „Macho", wie du ihn nennst, eigentlich dauerhaft seinen „Harem", um im Bild zu bleiben? Was ist die ökonomische Basis, mit der die Saudis ihr auf dem Wahabismus-Islam beruhendes Monarchentum im 21. Jahrhundert behaupten können?

Nicole: Die Saudis verkaufen Öl; das ist ihre Haupteinnahmequelle.

Ich: Genau, und zwar hauptsächlich Rohöl. Das macht fast die Hälfte des Bruttoinlandsprodukts aus. Die gesellschaftliche Reproduktion beruht auf einem Stoff, der, nur weil er in entwickelten kapitalistischen Staaten als unverzichtbar gilt, zu Geld respektive Petrodollars am Weltmarkt zu machen ist. Die Saudis sind eigentlich eine Multistammgesellschaft, die über Ölquellen verfügt, die sie vom Westen konzessioniert zu Geld machen darf. Braucht der Westen kein Saudiöl mehr, bleibt „nur" noch eine Multistammgemeinschaft mit etwas Agrar-, Textil- und Tourismuswirtschaft übrig. Die Gastarbeiter werden nach Hause geschickt, die verschleierten Frauen brauchen dann auch nicht mehr selbstständig mit dem SUV in die Shoppingmall zu fahren oder Sozialpädagogik zu studieren. Das weiß übrigens der König ganz genau, weshalb er versucht, sein Land zum Tourismushotspot zu machen. Das Dumme ist nur, Tourismus ist ein Abfallprodukt gelungenen Wachstums in den Industrienationen.

Nicole: Das würde ja heißen, die Saudis reproduzieren sich hauptsächlich über Konsum, der als Konsumgut im Ausland produziert wurde. Dann müssen sie ja mit ihren Petrodollars alles auf dem Weltmarkt einkaufen!

Aaron: Ja, und zwar mit einer sehr nachhaltigen „Recyclewirtschaft". Die Petrodollars wandern neben den Konsumgütern gegen Rüstungsimporte sehr schnell wieder in ihre Ursprungsländer zurück.

Ich: Deshalb ja auch konzessioniert im Unterschied zum Schwellenland Indien. Frauen können demnach in so einer konzessionierten Ökonomie gar nicht die Rolle einnehmen, wie sie es im Westen tun. Was nicht heißen soll, dass das die erstrebenswerte Alternative wäre.

Laura: Aber es gibt doch auch saudische Frauen, die sich nicht auf das patriarchische Rollenbild reduzieren lassen wollen, die ein selbstbestimmtes, freies Leben führen wollen. Das Frauenwahlrecht musste durch die Suffragetten ja auch erst erkämpft werden.

Ich: Unbestritten. Und im 21. Jahrhundert werden sogar mit zwei Frauen an der Spitze eines Staates und Europas sämtliche Sauereien weltweit mitverantwortet. Also wie und wo können die emanzipierten saudischen Frauen das?

Aaron: In den westlichen Metropolen zu westlichen Bedingungen.

Ich: Die da sind?

Aaron: Sie müssen eine Nützlichkeit an sich herstellen, die für Wachstum gut ist, und sich dann gegen Lohn verkaufen.

Ich: Ja, selbstbewusst und frei. Zur Hausarbeit und Kinderaufzucht dürfen sie jetzt auch noch eine Berufskarriere hinlegen wie die hiesigen Frauen auch. Um aber wieder auf Platon zurückzukommen: Die Idee einer von Natur aus freien Menschennatur, das Individuum, das sich selbst gehören soll, gab es zu Platons Zeit noch nicht. Die Freiheit der Person, die Anerkennung ihres freien Willens ist aber die *notwendige Voraussetzung* für einen freien Lohnarbeiter, um seine ihm gehörende Arbeitskraft auf dem Markt anzubieten. Diese Potenz bei gleichzeitiger Mittellosigkeit, um nicht zu sagen Alternativlosigkeit, macht ihn für den Unternehmer als eine Mehrwert herstellende Produktivkraft interessant. Wir brauchen also gar nicht nach Indien oder Saudi-Arabien zu schauen, um moderne Sklaverei zu entdecken. In Industrienationen spricht man auch von Lohnsklaverei. Wer von euch könnte den Begriff jetzt erklären?

Nicole: Na ja, ich denke, wenn bei meiner Geburt schon alles in eine Eigentümerklasse und eine Mittellosenklasse unterschieden ist und von der Herrschaft abgesichert wird, dann bleibt mir, wenn ich nicht verhungern will, gar nichts anderes übrig, als mich mit dem Einzigen, was mir gehört, meiner Arbeitskraft, bei dem Eigentümer anzudienen. Und weil das alle, die nichts haben, machen müssen, kann sich der Eigentümer von Produktionsmitteln die Leute aussuchen, sie gegeneinander ausspielen und den Lohn so gering wie möglich halten. Es ist ein stummer Zwang, deshalb Lohnsklaverei.

Lua: Ein Zwang, der nicht stumm bleiben muss. Die Franzosen haben es mit ihren Streiks mal wieder gezeigt. Wenn man sich nicht gegeneinander ausspielen lässt, kann man mit einem Generalstreik einiges erreichen. Wenn der Dienst am Eigentum der Reichen nicht stattfindet, ist er nur noch Schrott.

Ich: Ich lass das jetzt mal unkommentiert. Zur politischen Ökonomie kommen wir vielleicht ja noch. Doch zunächst geht es uns um den Gesellschaftskritiker Morus und seine Utopie von einem selbstbestimmten, freien und guten Leben.

Thomas Morus (1478–1535): Die beste aller Verfassungen

Ich: Aus Morus' Vita geht hervor, dass er mit der Rechtslage seiner Zeit vertraut war und selbst Recht gesprochen hat. Seine Ausgangsmotivation für eine Gesellschaftskritik entstand aus einem enttäuschten Rechtsidealismus. Er musste feststellen, dass die Rechtsprechung nicht mehr ihr Maß in den materiellen Lebensgrundlagen der Bevölkerung suchte. Recht und Gesetz passten nicht nur nicht mehr zu der materiellen Basis der Bevölkerung, sondern verselbstständigten sich als Herrschaftsinstrument einer Klasse von Adligen. Nicht Gerechtigkeit war das Resultat der Rechtsprechung, sondern Ungerechtigkeit. Das Recht diente nicht mehr als Ordnung für eine verlässliche gesellschaftliche Reproduktion auf Basis der bis dahin entwickelten und gültigen Produktivkräfte. Das Recht hatte sich verselbstständigt, weshalb

in Morus' Idealstaat die Bewohner das Recht kritisierten, es für ungerecht hielten, Menschen „durch Gesetze zu binden, die entweder zu zahlreich sind, als dass man sie alle durchlesen könnte, oder zu unklar, als dass jeder imstande wäre, sie zu verstehen!" Außerdem lehnten die Menschen Rechtsanwälte ab, weil sie der Auffassung waren, diese würden „ihre Prozesse auf durchtriebene Weise führen und die Gesetze spitzfindig auslegen." Sie halten es für zweckmäßig, „wenn jeder seine Sache persönlich führt."[54]
In Morus' Idealstaat Utopia erkennt jeder alle Gesetze an, weil sie ihn an seine Pflicht erinnern. Deshalb sollen die Gesetze einfach sein, damit sie allen begreiflich sind.

Lua: Da hat der moderne Rechtsstaat aber eine andere Auffassung. Neulich hat ein Innenminister gesagt, „man müsse Gerichtsurteile akzeptieren, aber nicht verstehen".

Ich: Ein enttäuschter Rechtsidealismus liegt in der Natur des Rechts und ist deshalb heute noch genauso anzutreffen wie 1517. Rechtsprechung erfolgt durch Menschen nach Gesetzen von Menschen. Eine Naturgesetzlichkeit ist darin nicht enthalten, auch wenn dies immer wieder von Philosophen und Staatstheoretikern behauptet wird, wie es zum Beispiel Rousseau in seinem „Contrat social" tut. Wir kommen darauf noch zurück. Jetzt geht es uns darum, welche Utopie Morus hatte, für die er 20 Jahre später hingerichtet wurde wie so viele radikale Denker vor und nach ihm.

Lua: Da fällt mir ein, dass es auch ein Widerstandsrecht gibt.

Nicole: Du meinst, wo Recht zu Unrecht wird, wird Widerstand zur Pflicht?

---

[54] Morus 1964, S. 85.

Lua: Nein, das ist Bullshit. Widerstand ist doch kein Pflichtprogramm. Den bin ich doch niemandem außer mir schuldig, weil ich gute Gründe habe, die mir ihn nahelegen.

Ich: Ich merke, das scheint euch ein wichtiges Anliegen zu sein. Ich schlage vor, wir widmen uns dem Thema, nachdem wir uns Morus' *Utopia* angeschaut haben. Dann können wir auch gleich prüfen, wie die modernen demokratischen Staaten das „Recht" beziehungsweise die „Pflicht" zum Widerstand in ihre Geschäftsordnung aufgenommen haben.
Aber zurück zu Morus. Die Radikalität seiner Auffassung lag in der Abschaffung des Geldes und des Privateigentums. Seine Kritik richtet sich an ein Staatsgebilde, in dem der Adel und die Kirche, ich zitiere, „so gefräßig und bösartig wurden, dass sie sogar Menschen fressen, Felder, Gehöfte und Dörfer verwüsten und entvölkern […] Sie lassen kein Stück Land zur Bebauung übrig, sie zäumen alles als Weide ein, reißen Häuser ab, zerstören Dörfer und lassen gerade die Kirchen als Schafsställe stehen." Dieses Zitat gibt uns Auskunft über die Eigentumsverhältnisse und Produktionskräfte, die Morus als Ausgangsmotivation für seine sozialkritische Utopie nimmt. Er markiert einen Adelsstand, einen, wie er sagt „einzigen Prasser in seiner Unersättlichkeit, eine unheilvolle Pest für sein Vaterland."
Adelige und Kirchenvertreter sehen im Handel mit dem damaligen internationalen Weltmarkt ein lohnenderes Geschäft als in der herkömmlichen Landwirtschaft. Sie enteignen und vertreiben ihre Pächter mit der Folge von Teuerungen und Not – Not, die Diebe macht und das Recht bzw. die bis dato herrschende Rechtsprechung zum Unrecht werden lässt. Vielleicht fällt euch an dieser Stelle Robin Hood ein. Zur Heilung des Staates sieht Morus nur einen Weg: Verkündung der „Gleichheit des Besitzens durch Aufhebung des

Privateigentums." Mit der Abschaffung des Geldes entledigt sich das Gemeinwesen aller Sorgen. Denn „wer weiß denn nicht, dass Betrug, Diebstahl, Raub, Streit, Aufruhr, Zank, Empörung, Macht, Verrat, Giftmischerei" mit der Abschaffung des Geldes „zugleich abstürben und zudem Furcht, Kummer, Sorge, Mühsal und Schlaflosigkeit im selben Augenblick wie das Geld vergehen würden."
Morus geht noch weiter, wenn er schreibt: „Ja, die Armut selbst, die allein des Geldes zu bedürfen scheint, entschwände sofort dahin, wenn überall das Geld völlig abgeschaffte."[55]
Er hat dem Geld zwar einen zutiefst unmoralischen Wert beigemessen, dennoch kommt er in seiner *Utopia* nicht umhin, ähnlich wie auch Platon, dem Geld einige nützliche Funktionen zuzusprechen. Das Gold zum Beispiel bekommt die Funktion, als Edelmetall Wertspeicher zu sein, so, wie wir es bei der Handreichung der Deutschen Bank schon besprochen hatten. Es wirft ihm ein Rätsel auf. Er fragt sich, wie es sein kann, „dass das von Natur aus so unnütze Gold heutzutage überall in der Welt so hoch geschätzt wird, dass selbst der Mensch, durch den und vor allem für den er diesen Wert erhalten hat, viel weniger gilt als das Geld?"
Morus bietet uns hier eine neue These für ein gutes Leben: statt bedingungslosen Grundeinkommens Geld abschaffen. Dafür müssen alle in der Gemeinschaft mitarbeiten. Gesamtgesellschaftlich kommt Morus auf sechs Stunden Arbeit täglich, Tendenz fallend, weil „alle Dinge des täglichen Bedarfs sorgfältig produziert und gepflegt werden." Sie halten lange ...

Lua: ... und es gibt keine geplanten Sollbruchstellen.

---

[55] Morus 1964, S. 108.

Ich: ... und es gibt keinen Reparaturstau, daher weniger Handwerker, und weil „alle Schmarotzer" jetzt selbst für ihre Nahrung arbeiten müssen. Zu dieser „faulen Gesellschaft" zählt Morus die Priester und sogenannten Geistlichen, die reichen Leute, vor allem Großgrundbesitzer, und die, „die man gewöhnlich Vornehme und Adelige nennt!"

Lua: ... die heutigen Couponschneider.

Ich: Morus' Leitgedanke liegt keine Kritik der ökonomischen gesellschaftlichen Verhältnisse zugrunde, sondern eine Kritik des Menschenbildes: Geld verdirbt den Charakter und hindert den Menschen an einem gerechten, gotteswürdigen Leben auf Erden. Für ein rechtschaffenes Leben auf Erden erhält der Mensch seinen Lohn im Reich Gottes. Dafür entwirft Morus seinen kommunistischen Utopismus, der, wie auch in Platons Staat, totalitäre Züge annimmt: Wenn der Zweck der Gemeinschaft immer in etwas noch Höherem bestehen soll, als die Gemeinschaft an sich ist, bleibt die Bevormundung nicht aus.

Bei Platon braucht es das perfekte Volk, um als Material für eine perfekte Herrschaft zu fungieren, bei Morus braucht es das Volk, damit es seinem Auftrag nach einem gottesfürchtigen Leben nachkommt und eine angewandte Rechtsprechung, die dies ermöglicht.

Aaron: Von so einem „Gotteskommunismus", den sogenannten Jesuitenreduktionen, hab ich mal was gelesen. Jesuiten verwirklichten in Paraguay eine Art Kommunismus mit den Indios Anfang des 17. Jahrhunderts, der ziemliche Ähnlichkeit mit dem utopischen Kommunismus von Morus aufweist und auf Basis der Anerkennung der Jesuiten als Gottesvertreter gut funktioniert hat. Jedenfalls bis er von spanischen Neidern plattgemacht wurde.

Ich: Na ja, von solchen Ehrbekundungen einmal abgesehen, in der die Rechtsfragen nach „oben" verschoben wurden und die Jesuiten als Stellvertreter Recht gesprochen haben. Mit einem bedingungslosen Grundeinkommen im real existierenden Kapitalismus kann Morus' *Utopia* locker mithalten, wenn man ein paar Einschränkungen in Kauf nimmt, als da wären: Einheitsklamotten, zwei Jahre Praktikum in der Landwirtschaft, Leben in Großfamilien, vormittäglicher Zwang zur Weiterbildung, alle zehn Jahre umziehen, um keine Besitzansprüche aufkommen zu lassen, Militärübungen, Notdurft in vergoldete Eimer statt vergoldete Obstschalen, nicht zu vergessen Gott als Schöpfer und Lenker der Welt. Das muss man schon auch gut finden. Aberglaube ist verpönt, Religiosität, gleich welcher Art, wird anerkannt. Darunter hat Morus schon 1517 religiöse Veganer genannt. Sie wurden bei den Utopiern als nicht so klug, dafür „jedoch für frömmer" gehalten.

Laura: Ich finde außerdem seine städtebaulichen Visionen bemerkenswert. Morus hat die Blockrandbebauung mit festgelegten Geschosshöhen von zwei bis drei Geschossen festgelegt. Jeder Block hat einen Nutz- und Blumengarten. Die Wohngemeinschaften veranstalten Wettbewerbe um die schönsten Gärten. Die Idee der Gartenstadt kam bei uns erst Ende des 19. Jahrhunderts auf. Morus hat Gemeinschaftsräume wie Speisesäle eingeplant. So etwas wird bei uns heute unter Mehrgenerationenhaus diskutiert. Er hat Baustoffe benannt, die wir heute als ökologisch und nachhaltig bewerten.

Ich: Na ja, mal ehrlich: Kann sich nicht jeder von uns in seiner Fantasie ein schöneres Leben auf Basis vernünftiger und nachhaltiger Arbeitsteilung vorstellen als das, was er gerade hat?

Lua: Deshalb kommt es ja gerade darauf an, die Fantasien zur Wirklichkeit werden zu lassen.

Ich: Wir kommen darauf zurück.
Was an dieser Stelle noch bemerkenswert ist, ist der Zeitgeist. Morus entwickelt seine Utopie aus einem Übergang von der Feudalgesellschaft und der Leibeigenschaft zu deren Freisetzung. Die Schaffung eines Lumpenproletariats, eine mittellose Klasse, die nicht einmal das Einzige, was sie hat oder was ihr geblieben ist, ihre Arbeitskraft, verkaufen kann, weil es für sie noch keine lohnenden Anwender gab. Ökonomische Verhältnisse, wie wir sie bei unserem nächsten Utopisten, Weitling, haben, gab es zu Morus' Zeiten noch nicht. Das Arbeitszeit-Wert-Gesetz war noch nicht entdeckt. Dies geschah erst durch den Ökonomen Ricardo 1814, also 300 Jahre später. Es lag also nahe, im Mangel an abstraktem Reichtum, im Geld und der Gier danach alles Übel der Welt zu entdecken. Das Grundeigentum war eine zu Unrecht ergangene Usurpation, die es rückgängig zu machen galt, um sie der Nützlichkeit des Ackerbaus wieder zugänglich zu machen. Der utopische Staat bei Morus hatte mehr die Funktion, eine Verwaltungseinheit zu sein.

Lua: Die Herrschenden seiner Zeit fanden seine Ideen immerhin so revolutionär und gefährlich, dass sie Morus hinrichten ließen. Sein wohlverwalteter Staat hat immerhin mit der Forderung nach Abschaffung des Geldes und des Privateigentums an den Grundfesten des Staats gerüttelt. Heute wirst du mit so einer Auffassung zum Überwachungsobjekt der westlichen Stasi.

Ich: Im Kopf sollten wir behalten, dass bei Morus alles, was sich in der privaten Verfügungsmacht befindet, von Ländereibesitz bis zur Zahnbürste, als Privatbesitz gilt. Privatbesitz ist bei Morus noch etwas anderes als Privatbesitz an Produktionsmitteln.

Wenden wir uns dem nächsten Kritiker seiner Zeit zu. Was hat er für eine Botschaft für uns parat? Worin unterscheidet er sich von Morus' *Utopia*?

Wilhelm Weitling (1808–1871): *Garantien der Harmonie und Freiheit*

Nachdem wir einen Ausflug in die Antike zu Platons Staat, danach in den Feudalismus zu Morus' utopistischem Idealstaat gemacht haben, geht es nun zu unserem dritten Utopisten, Wilhelm Weitling, dessen Utopie auch unter dem Namen Gleichheitskommunismus in die Geschichte einging. Dies war 1842, also zu einer Zeit, als Europa ein Hotspot der Wissenschaft und der Erkenntnis, der Kultur, der ökonomischen und politischen Umwälzung, der Revolutionen und Reformen war. Seitdem sind keine 2000 Jahre, sondern nicht einmal 200 Jahre vergangen. Bevor wir uns mit Weitlings Motivation, seinen Antworten auf den Zeitgeist und seinen Lösungsvorschlägen und mit den Problemen seiner Zeit beschäftigen, frage ich euch, was ihr denn bemerkenswert bzw. kritikwürdig an Weitlings *Garantien der Harmonie und Freiheit* fandet.

Lua: Ich finde seine Sprache krass, so zwischen literarisch und missionarisch. Sie zieht einen beim Lesen mit.

Aaron: Ich fand es bemerkenswert, wie er seine Analysekenntnisse praktisch in eine Arbeiterbewegung umgesetzt hat …

Lua: … ja, und Gruppen in mehreren Staaten gegründet hatte. Sein „Bund der Gerechten" war die Keimzelle des Kommunismus, der erst später in den „Bund der Kommunisten" umbenannt wurde.

Laura: Ich finde sein System der „Kommerzstunden" faszinierend. Die Idee der Arbeitszeitkonten ist ja heute auch wieder im Gespräch.

Lua: Bemerkenswert fand ich auch, wie er seinen Begriff von Harmonie herleitet: als Naturrecht.

Laura: Witzig fand ich seine Antwort auf die Genderfrage. Einerseits trennt er Frauen und Männer, um sie dann auch wieder, wenn sie getrennt sind, gleichzumachen. Weniger witzig, um nicht zu sagen rassistisch, ist seine Bestimmung der weiblichen Intelligenz, die bei ihm nur durch ein Wunder an die der Männer heranreicht. Das geht gar nicht!

Nicole: Seine Begründung der Eifersucht und Liebe als Kette des Geldsystems leuchtet mir ein. Krass finde ich, dass unheilbare Schülerinnen und Schüler ins Asyl auf eine Insel gebracht werden.

Lua: Lustig fand ich seinen Schlussappell: Weil die Mächtigen alle Mittel auf ihrer Seite haben, sollen sie auch alle Übel der Gesellschaft beseitigen. Wenn nicht, droht Weitling mit Übernahme. Das erinnert mich an Donald Trump; der fordert den Iran ja auch zur Kapitulation auf. Nur dass

Amerika die Gewaltmittel hat, um dem Iran überhaupt ernsthaft drohen zu können.

Aaron: Ich finde auch sein Kapitel über „Religion und Sitten" interessant. Weitling sagt: Wer für den Fortschritt ist, muss auch für die Änderung der hinderlichen Sitten und für die Aufhebung allen Sittenzwangs sein. Das ist ja auch unser Thema.

Ich: Okay, Leute. Der Mann liefert wie ich sehe eine Menge Gesprächsstoff. Im Unterschied zu Platon und Morus, die zu den geistigen Eliten ihrer Zeit zählten, kam Weitling aus dem „gemeinen Volk". Er war Schneidergeselle, also Handwerker. Er hat nach eigenen Angaben sowohl das materielle Elend als auch geistige, religiöse Indoktrination erlebt. Weitling sagt: „Ich kann das Beispiel davon an mir abnehmen: Das kostet jahrelange Mühe, bis man die Dummheiten und den eingetrichterten Unsinn wieder aus dem Kopf los wird."
In diesem Zitat bezieht er sich auf die geistige und religiöse Indoktrination seiner Jugend. Weitling hält sich zugute, dass er aus Erfahrung spricht. Heute würde man sagen, er ist ein Empiriker. Seine Erfahrung ist zugleich seine Berechtigung zur Kritik, denn – so Weitling – „Was kann jemand, der im Wohlstand lebt, von unserem Elend urteilen? Er kann unmöglich einen wahren Begriff darin haben."
Weitlings Art, seine Sozialkritik in einer Mischung aus gesellschaftlicher Analyse und anschaulich mit Beispielen und Aufforderungscharakter in eingängiger und volkstümlicher Sprache vorzustellen, fand großen Anklang. Selbst Karl Marx hielt Weitlings *Garantien der Harmonie* anfangs für genial, und Heinrich Heine war der Auffassung, dass der

„famose Weitling mit seinen ‚Garantien'" lange Zeit „der Katechismus der deutschen Kommunisten" gewesen sei.
Weitling traf mit seinen *Garantien der Harmonie* den Nerv seiner Zeit. Es ging, wie meistens, um Verbesserung oder grundsätzliche Erneuerung, um Reformen oder Revolution. Vorläufer von Weitlings *Garantien der Harmonie* galten als Volksromane, die als Propaganda für eine sich entwickelnde kommunistische Bewegung standen. Zu nennen ist hier der Franzose Etienne Cabet (1788–1856), Jurist und Publizist. Er veröffentlichte den utopischen Roman *Voyage en Icarie*, der viel Beachtung in der damaligen Diskussion gefunden hat. Die sogenannten ikarischen Kommunisten sollen eine Mitgliedschaft von einer halben Million gehabt haben. Ihre Monatszeitschrift hieß *Populaire* und wurde von Cabet herausgegeben.

Aaron: Dann waren das aber schon recht fortschrittliche gesellschaftliche Gruppierungen, für heutige Verhältnisse eine Massenbewegung, und das ohne Social Media.

Ich: Ja, sie sahen in ihrer Zeit einen Gegensatz der Klassen, aber nicht ihren gesellschaftlich notwendigen ökonomischen Zusammenhang, das sich bedingende Verhältnis der Klassen. Anstelle des Klassenverhältnisses setzten sie ihre Fantasien. Sie sahen das Leiden der Arbeiter und wollten diesem mit Appellen und der Macht des positiven Beispiels, „dem neuen gesellschaftlichen Evangelium", Bahn brechen, wie es auch im *Kommunistischen Manifest* polemisch steht.

Nicole: Die Macht des Beispiels von damals ist für viele heute wieder das Evangelium: Konsumverzicht oder z. B. Nischenprojekte wie Tauschbörsen, Gemeingüter, Selbstverwaltung, Reparatur-Café, lokale Lebensmittel Produktion und Vertrieb usw.

Lua: Ja, aber die wollen das ja nicht einfach als nützlich oder sinnvoll stehen lassen, sie alle wollen die Nische zur Regel erklären. Mit ihrer Tat die Gegensätze versöhnen. Seht her, es geht auch anders! So kann man sich in seiner alternativen Nische mit einem guten Gewissen moralisch gut fühlen. So ein Gutmensch hat sich entschlossen, sich über seine Funktion in der Wertschöpfungskette zu erheben. Die Möglichkeit seiner Tat soll die Negation des herrschenden Prinzips sein. Wie bei den FFFlern.

Ich: Mit „Regel" oder „Prinzip" meist du wohl die Gesetzmäßigkeiten des Kapitals.

Die frühen Schriften enthalten aber auch kritische Gedankengänge, die für spätere Autoren weiterführend waren und wertvolles Material zur Aufklärung der Arbeiter enthielten.

Laura: Im Grunde haben wir heute doch die gleiche Fragestellung von Elend und Armut. Heute kann sich jeder von uns das Elend der Welt im Livestream auf dem Smartphone ansehen und zugleich Bürger eines gezuckerten, fettleibigen Volks mit hunderttausenden psychisch gestörten Patienten sein, die den Stellschrauben einer Wachstumsgesellschaft nicht mehr standhalten und verblöden.

Ich: Wer von euch sich für die damalige Diskussion der sogenannten utopischen Sozialisten interessiert, dem seien hier noch Francois-Marie-Charles Fourier (1772–1837), Claude-Henri Saint-Simon (1760–1825) und Robert Owen (1771–1858) genannt. Owen z. B. war jemand, der versuchte, seine Überzeugung umzusetzen. Unter dem Motto „entschiedener Kommunismus" hatte er von 1839 bis 1845 ein centre for Social settlement mit dem Namen „Harmony Hall" in Hampshire, England, nach dem Scheitern des ersten Versuchs in Indiana 1824, gegründet.

Weitling hat als Betroffener seiner Zeit nicht nur die Armut erlebt und gesehen. Ihm ist auch das Missverhältnis zwischen dem, was er sich leisten konnte, und dem, was die Gesellschaft in der Lage ist, an Reichtum zu produzieren, aufgefallen. Ihr erinnert euch vielleicht an die Stelle, wo er durch die Straßen mit den prachtvoll geschmückten und mit Waren angereicherten Magazinen geht und sich empört: „Was von dem allen kannst du oder ein anderer Arbeiter der Erde wohl dein nennen, wenn das Jahr herum ist? – Nicht den hundertsten Teil."

By the way, der erste Satz 15 Jahre später in der Schrift *Politische Ökonomie* von Karl Marx lautete: „Auf den ersten Blick erscheint der bürgerliche Reichtum als eine ungeheure Warensammlung, die einzelne Ware als sein elementarisches Dasein."

Weitling macht einen Vergleich zwischen der, wie er sagt, „ungeheuren Arbeitszeit", die nötig ist, um die Produkte für alle herzustellen, und dem Arbeitsaufwand, den der Arbeiter für die ihn zugänglichen Produkte hat.

Für die Notwendigkeit der „Reorganisation der Gesellschaft", wie Weitling es nennt, macht er zwei hauptsächliche Ursachen ausfindig: erstens eine Krämerschaft, heute würden wir Einzel- und Zwischenhandel sagen, die nichts produziert, also auch nicht „arbeitet" und von daher auf Kosten der Gesellschaft lebt. Die Bedeutung des Handelskapitals im Zirkulationsprozess war ihm noch nicht gegenwärtig. Seine Kritik beläuft sich auf dem Niveau der Verabscheuung des Zinswuchers.

Aaron: Die heutige ökonomische Bewertung des Finanzkapitals wird in Teilen ja auf dem Niveau des raffenden statt schaffenden Kapitals geführt. Gier als Motiv muss dann schon mal als Erklärung für den Börsencrash herhalten.

Ich: Die Gier wird vom Mammon provoziert, das Geldsystem, wie Weitling es nennt, ist eher Teufelswerk, als dass es eine Eigentumsordnung von privaten Produzenten, ein Klassenverhältnis, widerspiegelt. Weitling sagt: „Das Geldsystem verhindert und verzögert jeden für das Wohl aller berechnenden Fortschritt, weil der Geldmann nur das unterstützt, was ihm persönlich Vorteile bietet." Darüber hinaus sind Münzen, Banknoten, Staatspapiere, Aktien „schlechte Tauschmittel", denn man kann mit ihnen „große Summen in einzelne Haufen aufhäufen und folglich dadurch Mangel bei anderen hervorrufen." Mithilfe des Reichtums kann man sich nach Weitling der notwendigen Arbeitszeit entziehen und damit zur Ursache des „sich zu Tode schinden" anderer werden. Frei übersetzt: Wer keinen Schatz durch Geldanhäufung bilden kann, kann auch nicht in die Verlegenheit gelangen, Kapitalist zu werden.
Die zweite Ursache für die Notwendigkeit der sogenannten Reorganisation der Gesellschaft sieht Weitling im Einsatz von Maschinen. Er stellt fest, dass der Einsatz von Maschinen hundertmal mehr schafft als der Mensch mit seinen beiden Händen und die Arbeitszeit sich dennoch nicht verkürzt. Er hat den Verdacht, dass es an der Konkurrenz des Menschen mit den Maschinen liegt, die uns zwingt, „jede Herabsetzung des Lohns und Verlängerung der Arbeitszeit gefallen zu lassen oder uns zum Dieb zu machen."
Weitling sieht sich noch in einem Verhältnis, in dem das Arbeitsmittel, die Maschine, das Übel ausmacht. Es ist euch vielleicht noch als Begrifflichkeit der Maschinenstürmerei bekannt. Bei Weitling ist Lohnarbeit noch nützliche Arbeit, wie er sie als Handwerker kennt.

Aaron: Deshalb wird man bei Weitling auch erst in die Gesellschaft aufgenommen, wenn man in der Schularmee eine praktische, wie er sie nennt, „mechanische Arbeit" erlangt und ein Examen bestanden hat.

Ich: Ja, diesem Thema widmet Weitling ein ganzes Kapitel in seinen *Harmonien*. Krämerschaft und Geldgier macht Weitling ganz klar als Ursachen für die ungleiche Verteilung des gesellschaftlichen Reichtums ausfindig. Wir können uns ja mal seinen Lösungsvorschlag, die sogenannten Kommerzstunden, anschauen.

Die weitlingschen Kommerzstunden

Ich: Weitling möchte ein Tauschmittel in die Gesellschaft einführen, das der Harmonie und Freiheit zweckdienlich ist. Es muss so beschaffen sein, sagt er, dass es damit die Freiheit keines Einzigen zum Vorteil eines anderen beeinträchtigt. Es muss ein Abbild der Begierden, die bei Weitling das Wollen bedeuten, und der Fähigkeiten, die bei Weitling das Können bedeuten, des Besitzers sein. Daraus resultiert bei ihm das Können, das Tun. Je größer also die Harmonie der Begierden (Wollen) und Fähigkeiten (Können) des Einzelnen ist, desto größer ist auch seine persönliche Freiheit und desto größer die Harmonie der Begierden und Fähigkeiten aller. Unterstellt ist bei Weitling, dass die Gesellschaft zu ihrem Erhalt notwendige und nützliche Produkte braucht, die „die Bestimmung einer Arbeitszeit für jeden Arbeitsfähigen notwendig" macht.[56]

---

[56] Weitling 1974, S. 163.

Laura: Jeder muss aber auch ein persönliches Maß geltend machen können, ob und wie viel er für die, wie Weitling sagt, „Genüsse des Angenehmen" aufwenden will.

Ich: Ja, ich erinnere an seine aufgestellte „Ordnung der Kommerzstunden". Moderne Volkswirtschaftler müssten an Weitlings interessiertem Standpunkt ihre wahre Freude haben. Weitlings Zustand der Harmonie entspricht einem Gleichgewichtsverhältnis. Harmonie existiert, wenn gesellschaftliche Bedürfnisse und gesellschaftlich notwendige Arbeit im Gleichgewicht sind. Er denkt sich einen riesigen Haufen Bedürfnisse und einen ebenso großen Haufen Arbeitszeit. Gesamtbedürfnisse geteilt durch Gesamtarbeitszeit ergibt Arbeitszeit pro Bedürfnis minus gesellschaftlich notwendige Arbeitszeit ergibt individuellen Genuss. Ökonomie ist für Weitling eine Sache der gerechten Verteilung. Daran misst er, was vernünftig und effizient ist. Alle Arbeit, die über das gesellschaftlich Notwendige hinausgeht, sind seine sogenannten Kommerzstunden, die jeder individuell verbucht bekommt, um sie dann nach freier Entscheidung je nach Bedürfnis verrechnen lassen zu können.
Weitling unterscheidet also die Kommerzstunden in Arbeitsstunden des Notwendigen und Angenehmen. Die Kommerzstunden vermitteln den Austausch der Produkte, des Angenehmen gegen Arbeitsstunden des Notwendigen. Jeder kann über die festgelegten Kommerzstunden hinaus noch freiwillig welche machen. Der Wert der Produkte soll sich am zeitlichen Arbeitsaufwand bemessen. Eine Flasche Champagner entspricht bei Weitling 12 bis 18 Stunden Arbeitszeit, ein Glas Punsch einer halben Stunde und so weiter. Wollen viele etwas haben, was selten ist, so wird der „Wert" des Produkts per Beschluss so teuer gemacht, bis die Seltenheit, also die Verfügbarkeit des Produkts, wieder in

Einklang mit der Nachfrage ist. Die Harmonie des Gleichgewichts wird hergestellt, indem viele jetzt auf das teure Produkt verzichten. Kann das begehrte Produkt zu einem späteren Zeitpunkt durch verbesserte Maschinerie massenhaft hergestellt werden, verbilligt es sich wieder.

Nicole: Das verstehe ich jetzt nicht. Einmal soll der Wert durch die für die Produkte aufgewendete Arbeitszeit ermittelt werden, und bei seltenen Produkten wird der Wert festgelegt. Seltene Produkte brauchen doch auch eine bestimmte Arbeitszeit zu ihrer Herstellung.

Ich: Ja, das sehe ich auch so. Der Maßstab bei Weitlings Arbeitszeitlehre ist jedoch Gleichgewicht, Harmonie. Die wird notfalls durch die sogenannten Gewerbevorstände durch Stundenanhebung, also Preiserhöhung, herbeigeführt. Die Alternative dazu hieße: Warteliste, wie beim Beispiel Wein, von dem es nur eine begrenzte Menge an Hektolitern gibt. Hier gilt es, bis zur neuen Ernte zu warten.

Die gesellschaftliche Währung bei Weitling ist die in Stunden gemessene Arbeitszeit. Das individuelle Arbeitszeitkonto entspricht einer persönlichen Geldbörse. Der Wertmaßstab für ein Produkt ist die für seine Herstellung notwendige Arbeitszeit. Mit diesem Wertmaßstab meint Weitling einen objektiven und gerechten Tauschwert zu haben. Die Stunde Arbeitszeit kann dabei in 10 oder 60 Teile zerfallen. Weitling stellt sich selbst die rhetorische Frage, warum man denn nicht gleich Geld als Tauschmittel benutzt. Neben den anfangs schon genannten schlechten Eigenschaften, die das Geldsystem mitbringt, ist Weitling der Auffassung, ein Tauschmittel der Harmonie und Freiheit zeichne sich dadurch aus, dass es sich nicht „aufhäufen, verschenken, verspielen, verderben und stehlen" lassen darf, ein Tauschmittel, das dich nicht in Versuchung führen darf. In dem moralischen Urteil sind sich übrigens alle drei Utopisten einig: Geld verdirbt den Charakter.

Lua: Ich finde noch bemerkenswert, dass er die verbuchten Kommerzstunden als Tauschmittel nicht im Bereich des Notwendigen und Nützlichen gelten lassen will, und zwar mit dem Argument, „mancher würde zum Ekel der anderen in zerrissenen und schmutzigen Kleidern einhergehen, um einige Flaschen Wein mehr trinken zu können."

Ich: Auch dieses Gebot ist sicherlich seiner Erfahrung mit den Ärmsten der Armen geschuldet. Deshalb merkt er auch gleich dazu an, dass es eine Generation braucht, bis die sorgenfreie Gesellschaft in den Köpfen angekommen ist. Ein Alkoholiker wird nicht dadurch trocken, indem man ihm das Geld wegnimmt.

Laura: Das erinnert mich stark an unsere Diskussionen in der sozialen Lehre. Da wird auch der Standpunkt vertreten, die Bedürftigen sollten lieber Gutscheine bekommen, weil sie Bargeldauszahlungen zweckentfremden würden.

Ich: Zu Weitlings Ehrenrettung muss ich jedoch anmerken, dass er die Festlegung des Notwendigen und Nützlichen für die „Übergangsperiode" für notwendig hält. Er selbst fände es gut, wenn die Tauschmittel langfristig ganz wegfallen würden. Er betrachtet das Sittenbild seiner Gesellschaft mit Skepsis. Ihm fehle, wie er sagt, bis dato der Beweis dafür, dass es ohne Tauschmittel eine Harmonie „aller" geben kann, weil „noch niemand sich bemühte, sie zu beweisen; indes wünsche ich sie."

Karl Marx: Von der Utopie zur Wissenschaft

Ich: In den drei Idealstaatsutopien war als Ausgangspunkt für die Utopieentwicklung immer das vorherrschende ökonomische Prinzip eines Staates mitgedacht. Im Altertum war es der Staat der sklavenhaltenden Staatsbürger, im Alteuropa der Feudaladel mit seinen Leibeigenen und in unserer Zeit ein Bürgertum auf der Grundlage von Privateigentum und Erwerbsarbeit. Jeder unserer drei Utopisten hat sich unter völlig unterschiedlichen ökonomischen Verhältnissen für ein Gemeineigentum stark gemacht. Und dreimal wurde von ihnen ein staatliches Herrschaftsverhältnis von Volk und Führung verknüpft. Ursprünglich, noch während der Französischen Revolution, wurde aus dem Französischen der Begriff Kommunen abgeleitet, die Gemeinschaft, das Gemeinwohl wurde zum Synonym für eine bessere Gesellschaft, für ein besseres Leben. Heute werden politische Bezirke noch als Kommunen und dessen Vertreter als Kommunalpolitiker bezeichnet. Jeder konnte seine Vorstellungen von „Gemeinschaft" mit Attributen für seine Idealvorstellung belegen. Ob Christen, Sozialisten, Demokraten oder Faschisten, jeder fühlte sich dazu berufen, im Namen der sozialen Gemeinschaft zu handeln. Die unterschiedlichen Vorstellungen von absoluter Wahrheit, Vernunft und Gerechtigkeit der „Schulstifter", wie Friedrich Engels sie polemisch nannte, „führten zu einer Art eklektischen Durchschnittssozialismus [...], eine Mischung, die sich umso leichter bewerkstelligte, je mehr den einzelnen Bestandteilen im Strom der Debatten die scharfen Ecken der Bestimmtheit abgeschliffen worden sind."

Lua: Das ist heute in der Debatte nicht anders. Wer nicht kompromissbereit ist und auf seinem Standpunkt beharrt, wird als Sektierer oder Dogmatiker beschimpft oder von den politisch Herrschenden kriminalisiert.

Ich: ... oder totgeschwiegen.

Marx und Engels waren zu ihrer Zeit an der Bewegung der gesellschaftlichen Umbrüche beteiligt, sowohl national als auch international. Die sogenannte soziale Lage, das Betroffen*sein* von Elend wollten sie nicht länger als eine Betroffen*heit* hinnehmen, als moralischen Anspruch auf seine Beseitigung, als Appell an die Herrschenden oder als Frage der christlichen Nächstenliebe. Der moralischen Frage, wie viel Armut Reichtum vertrage, wollten sie eine wissenschaftliche Fragestellung entgegenstellen. Die Frage lautete fortan nicht mehr, wer für Armut und Elend verantwortlich ist, sondern *wie* Reichtum in der bürgerlichen Gesellschaft entsteht, was seine Quelle ist. Die Frage der Entstehung gesellschaftlichen Reichtums löste die bisherige Frage der gerechten Verteilung von gesellschaftlichem Reichtum ab.

Nicole: Aber gerechte Verteilung, das ist doch auch heute noch eine Forderung der LINKEN und Gewerkschaften.

Lua: Es macht dann wohl einen Unterschied, ob man das Leben der Armen mit „Transformations-Kurzarbeitergeld" für den zukünftigen Flexi-Arbeiter verbessern will – wie es die Gewerkschaften fordern – oder ob man ein sorgenfreies, gutes Leben ohne Lohnarbeiterdasein haben will.

Ich: Engels benutzte dafür einmal das Bild: „Man kann einen König sympathisch finden, was nicht bedeutet, dass man die Monarchie verstanden hat."
Der bisherige Sozialismus kritisierte zwar die bestehende kapitalistische Produktionsweise und ihre Folgen, konnte

ihre Gesetzmäßigkeit aber nicht erklären, deshalb auch nicht mit ihm fertigwerden. Er konnte ihm nur dessen negative Wirkungen vorwerfen, was bis heute gängige Praxis der SPD, der LINKEN und der Sozialisten ist. An Entlarvung der negativen Folgen des Kapitalismus mangelt es nicht. Erst mit der Enthüllung des „inneren Charakters" der kapitalistischen Produktionsweise war es möglich, über die Kritik der üblen Folgen hinauszukommen.

Ihr sind die Fragen vorausgegangen: Welches sind die ökonomischen Bewegungs- und Bewertungsgesetze der kapitalistischen Gesellschaft? Gibt es Gesetzmäßigkeiten der Produktionsweise? Wie entwickelt sie sich? Marx und Engels wollten nicht glauben, dass trotz der ihnen bekannten erschreckenden, brutalen und tödlichen Arbeitsbedingungen in den englischen Fabriken es allein das Werk von schlechten Charakteren der Fabrikbesitzer ist. Dass die gesellschaftliche Reproduktion auf Gier und Beschiss beruht.

Nicole: Was meinst du mit Beschiss?

Ich: Dass es nicht darum gehen kann, die miesesten Löhne zu zahlen, am cleversten zu verhandeln, am lautesten zu schreien oder die höchsten Bestechungsgelder zu zahlen. Auch beim Feilschen auf dem Basar muss der Verkäufer eine Grenze im Kopf haben, unter der er die Ware nicht hergibt. Umgekehrt, der Käufer. Woher kennen die diese Grenzen? Er wollte dem Gesetz auf die Spur kommen, wieso der „Tauschwert eines Palastes in bestimmter Anzahl von Stiefelwichsbüchsen ausgedrückt werden" kann.[57] Er fragte sich: Wenn allen nützlichen Dingen, die zugleich eine Ware sein können, gemeinsam ist, dass für ihre Herstellung Arbeit verausgabt wurde, existiert dann so etwas

---

57 MEW, Bd. 13, S. 16.

wie eine abstrakte, allgemeine menschliche gesellschaftliche Durchschnittsarbeit?

Mit der Entdeckung des Mehrwerts konnte laut Engels bewiesen werden, dass „die Aneignung unbezahlter (Mehr)-Arbeit die Grundform der kapitalistischen Produktionsweise und der durch sie vollzogenen Ausbeutung der Arbeiter und der Arbeiterinnen ist, dass der Kapitalist, selbst wenn er die Arbeitskraft seiner Arbeiterinnen und Arbeiter zum vollen Wert kauft, den sie als Ware auf dem Warenmarkt hat, dennoch mehr Wert aus ihr herausschlägt, als er für sie bezahlt hat, dass dieser Mehrwert in letzter Instanz die Wertsumme bildet, aus der sich die stets wachsende Kapitalmasse in den Händen der besitzenden Klasse aufhäuft. Mit der Entdeckung des Mehrwerts war sowohl der Hergang der kapitalistischen Produktion als auch der Produktion von Kapital erklärt."[58]

Ganz so einfach, wie Engels es hier behauptet, war es dann doch nicht. Im April 1858 schreibt Marx in einem Brief an seinen Freund über das Manuskript und seine Gliederung der politischen Ökonomie, „die ganze Suppe soll verfallen in sechs Bücher: 1. Vom Kapital. 2. Grundeigentum. 3. Lohnarbeit. 4. Staat. 5. Internationaler Handel. 6. Weltmarkt.[59] Allein an den sechs Themen könnt ihr schon sehen, dass Marx schon eine genaue Vorstellung davon hatte, dass dauerhaft produzierter kapitalistischer Reichtum nur global und mit staatlicher Gewaltabsicherung zu haben ist.

Ein Gewinn kann nur durch Ablieferung von unbezahlter Mehrarbeit entstehen – diese Beweisführung hat Karl Marx

---

58 MEW, Bd. 20, S. 26.
59 August Bebel, Eduard Bernstein: Der Briefwechsel zwischen Friedrich Engels und Karl Marx. Bremen 2012, S. 205.

angetreten, indem er „die kapitalistische Produktionsweise und die ihr entsprechenden Produktions- und Verkehrsverhältnisse" erforschte. Das Ergebnis seiner Forschung ist in den drei Bänden *Das Kapital* niedergeschrieben.
Der erste Abschnitt im ersten Kapitel ist mit *Ware und Geld* überschrieben. Seine ersten Sätze lauten: „Der Reichtum der Gesellschaft, in welchen kapitalistische Produktionsweise herrscht, erscheint als eine ‚ungeheure Warensammlung', die einzelne Ware als seine Elementarform. Unsere Untersuchung beginnt daher mit der Analyse der Ware."[60]
Während unserer Diskussion des Für und Wider für ein bedingungsloses Grundeinkommen haben wir ja schon gemerkt, dass wir an bestimmten Begrifflichkeiten wie Gebrauchswert, Tauschwert, Ware, Preis, Zeit, Lohn, Lohnarbeit, Reproduktion, um einige zu nennen, nicht vorbeigekommen sind. Es lohnt sich also, sich vertieft mit der „Kritik der politischen Ökonomie" auseinanderzusetzen.

Eine Ausnahme und gute Einsteigerlektüre ist das Buch von Thomas Steinfeld. Es hat den Titel: *Herr der Gespenster. Die Gedanken des Karl Marx.* Ansonsten empfiehlt es sich, die blauen Marx-Engels-Werke, die im Dietz Verlag erschienen sind, als Studierquelle heranzuziehen.

Nicole: Gibt es auch die Möglichkeit *Das Kapital* systematisch, als Kurs- oder Seminarangebot, zu lesen?

Ich: Bestimmt, früher wurden solche Kurse an den Unis angeboten. Die Rosa-Luxemburg-Stiftung bietet, soweit ich weiß, ebenfalls Kurse an.
Ein Ergebnis von Marx' Forschung ist zum Beispiel, dass alle Firmen, die den Produkten keinen Wert zusetzen, wie Ban-

---

[60] MEW, Bd. 23, S. 49.

ken, Versicherungen, Lebensmitteldiscounter usw., ihren „Gewinn" aus dieser unbezahlten Mehrarbeit beziehen. Sie partizipieren am gesellschaftlichen Reichtum, der durch die Arbeitsleistung in der Produktion als Mehrarbeit geleistet wurde.

Lua: Dann leben Profs ja auch auf Kosten der Arbeiterinnen und Arbeiter?

Ich: Indirekt ja, denn auch der Staat bedient sich über Steuern und den Lohn, den die Arbeiterinnen und Arbeiter erwirtschaftet haben, am Gewinn.

Aaron: Dann kommt es umso mehr darauf an, die von einem guten Leben zu überzeugen, die quasi die Quelle des Reichtums bilden.

Ich: Das wäre eine Schlussfolgerung. Wenn wir jetzt mit Bezug auf das Wachstum noch einmal den Bogen zurück zu unserem Start-up schlagen, können wir sehen, dass unser Jungunternehmer mit seinem erzielten Gewinn nun vor der Notwendigkeit steht – jedenfalls solange er bei der gesellschaftlichen Produktionsgröße mitmischen will –, Teile des Gewinns in sein Unternehmen zu investieren, um wachsen zu können bzw. zu müssen. Wenn er das nicht tut, geht er pleite und wir sind wieder am Anfang unser Diskussion.

Lua: Eigentlich ist es ein Sachzwang, den die Industrie sich selbst schafft und dessen Folgen wir mit individueller Verzichtsbereitschaft kompensieren sollen. Das müssen wir stoppen, den Sachzwang außer Kraft setzen! Nur so können wir eine weitere Ausbeutung und Verwüstung der Umwelt stoppen und verhindern.

Aaron: Der Sachzwang zum Wachstum ist aber bestimmender Teil des Klassenverhältnisses. Ziel müsste es daher sein, Lohnarbeit gegen Bedarfsarbeit an Produktionsmitteln abzuschaffen, das Privateigentum in Gemeindeeigentum zu überführen. Ohne Aufhebung des Klassengegensatzes kann es kein gutes Leben für uns geben.

Nicole: Zumal ein gutes Leben haben auch heißt, im Einklang mit der Natur zu leben, was bedeutet, in Einklang mit den zur Verfügung stehenden Ressourcen zu leben. Es kommt darauf an, eine ökologische Kreislaufbedarfsökonomie für den Bedarf zu entwickeln, die nur das verbraucht, was sich recyclen lässt, und keinen grünen Ökotransformationskapitalismus. Wenn wir andere davon überzeugen wollen, müssen wir uns weiterhin schlau machen.

Laura: Und zwar, weil wir *jetzt* ein gutes Leben wollen und nicht 2050 oder weil wir „mutig" sind oder uns für die Zukunft verantwortlich fühlen, die uns nach Corona noch mehr Schuldendienst abverlangt.

Nicole: Das wird nicht so einfach werden. Aber was ist schon einfach?

Aaron: Für Weitling und seine Mistreiter war es auch nicht einfach. Er muss sehr an seine Gemeinschaftstheorie geglaubt haben. Ich erinnere mich an den Satz: „Wenn man eine Gemeinschaft der Harmonie Aller will, wird man sie finden. Alles für alle zu wollen ist das Ziel."

Teil V

Plan_B

Laura: In den letzten Monaten haben wir wahnsinnig viel diskutiert und viele Erkenntnisse dazu gewonnen, was einem guten Leben entgegensteht. Praktisch haben wir aber bisher überhaupt nichts bewirkt.

Aaron: Das sehe ich anders. Unser Nachdenken und Diskutieren war doch praktisch. Wir haben gemerkt, dass es nötig war, Einigkeit in der Beurteilung der Bedingungen für ein gutes Leben zu erzielen. Jetzt haben wir Argumente, um begründete Kritik üben zu können.

Nicole: Außerdem sind wir zu dem Schluss gekommen, dass uns die Mitlatsch-Demos nicht weiterbringen.

Ich: Wenn ich hier mal eben einhaken darf: Wir haben doch einige vermeintlich „gute Bedingungen" nach ihrem Inhalt her als nicht tauglich für ein gutes Leben auflösen können. Zumindest sind wir zu berechtigten Zweifeln gelangt, die eine vertiefende Klärung in weiteren Diskussionsrunden noch nach sich ziehen muss. Die „geheimnisvolle Bruderschaft der Nacht", die Ziegler am Wirken sieht, entspringt seinem Wunschdenken. Wir haben auch Argumente gefunden, warum „die Reichen" und „die Armen" sich in einer auf Privateigentum an Produktionsmitteln beruhenden Klassengesellschaft *brauchen,* „*die Reichen*" keinen „unablässigen Krieg" *gegen* die „Armen" führen müssen, im Gegenteil, „die Armen" zurzeit schwer darauf setzen, dass sie in ein Benutzungsverhältnis eines Unternehmens kommen oder gehalten werden! Wir haben Notwendigkeiten für das Wirtschaftswachstum ausfindig gemacht, deren Gründe in einer auf Profit und Lohnarbeit basierenden Klassengesellschaft beruhen – deren Wirken Ziegler wiederum „als Beleidigung der Vernunft und Dummheit neoliberalen Wahns" empfindet.

Ich erinnere auch noch einmal:
- Gerechtigkeit: Ob als Verteilungsproblem oder ausgleichende Gerechtigkeit, kein Schaden wird rückgängig gemacht oder kompensiert. Ein fortdauernder Mangel bleibt unterstellt.
- Für den Gebrauch unseres Verstandes und der Willensfreiheit brauchen wir weder Mut noch eine Erlaubnis von irgendwem. Wir brauchen dafür weder eine Selbst- noch eine Fremdverpflichtung.
- Bei der Frage der Zuständigkeit haben wir gelernt, dass es sehr darauf ankommt, zu welchem „Wir" wir gehören wollen. Eine Vereinnahmung als „Wir" des deutschen Volkes fragt nicht mehr nach unserer individuellen Befindlichkeit, unterscheidet nicht mehr zwischen Opfer und Täter, zwischen den „Armen" und der „Wirtschaft".
- Wir haben begriffen, dass Lebenszeit Zeit im Dienst von Staat und Kapital, von Erwerbsarbeit für Wachstum und Gewinn ist, von dem wir ausgeschlossen sind.
- Wir haben am Begriff Wachstum aufgezeigt, warum er als ein Katechismus in aller Munde geführt wird. Wachstum ist der Motor und zugleich der Beweis dafür, dass eine auf Privateigentum an Produktionsmitteln basierende Klassengesellschaft aus freien Produzenten und abhängigen Erwerbsarbeiterinnen und -arbeitern mit immer gleichen Resultaten funk-

tioniert: Die Reichen werden immer reicher und die Armen immer ärmer.
- Es ist klar geworden, dass ein bedingungsloses Grundeinkommen nicht bedingungslos ist, sondern eine kalkulierte Größe, die uns weiterhin funktionalisiert, um Dienste am Privateigentum zu verrichten. Unter solchen ökonomischen Bedingungen kann es kein gutes Leben geben.
- Es ist ebenso klar geworden, dass Gesundheit in der Demokratie daran gemessen wird, welchen Nutzen sie für den Dienst am Kapital und dessen Wachstum hat.

Wir haben an unseren besprochenen Gegenständen, auch im Gegensatz zu Ziegler, doch gemerkt, dass man die kapitalistische Gesellschaft als ein effizientes, organisiertes gewalttätiges Gemeinwesen nicht mit Klagen und Schuldzuweisungen kritisieren und auch nicht mit moralischen Betroffenheitspathos verändern kann. Um es mit den Worten von Tomas Steinfeld zu sagen: „Ob Begreifen dagegen mehr hilft, ist nicht gewiss – mit einer, allerdings entscheidenden Ausnahme: Mann weiß, woran man ist. Wenn das Wichtigste begriffen ist, kann man sich ja überlegen, was danach zu tun sein wird."[61]

Laura: Das will ich auch gar nicht bestreiten. Aber das reicht mir nicht. Ich finde, es muss noch mehr passieren. Wir können dabei nicht stehenbleiben. Die Menschheit im 21. Jahrhundert hat schließlich alles Wissen darüber, was man für ein gutes Leben braucht. Die Menschen können zum Mars fliegen, sie können Menschen klonen. Nur weil

---

[61] Thomas Steinfeld: Der Herr der Gespenster. Die Gedanken des Karl Marx, Hamburg 2017, S. 265.

sich ein kapitalistisches System global verselbstständigt hat, müssen wir auf ein gutes Leben verzichten. Es sind doch die Ewiggestrigen, die den Kapitalismus verteidigen, ihn ständig verbessern wollen.

Lua: Laura hat recht. Wir müssen unser eigenes Ding machen und uns dabei an die weitlingsche Devise halten: Es wird in Ewigkeit nicht besser, solange das Volk die Leitung seiner Interessen Leuten anvertraut, die reich sind und bleiben wollen oder die gut bezahlte Ämter haben und nach noch Höherem streben.

Aaron: Wir brauchen kein bedingungsloses Grundeinkommen, wir brauchen eine bedingungslose Grundversorgung! Wir brauchen so was wie eine Agenda.

Laura: Nein, bloß nicht! Da denkt man ja gleich an Gerhard Schröders Agenda 2010 mit Hartz IV.

Lua: Na und? Schließlich wollen wir ja das Gegenteil von der Agenda 2010, eine Gegen-Agenda eben.

Aaron: Damit man uns gleich ideologisch in eine linksradikale Ecke drängt? Ich sag nur: Unrechtsstaat, Völkergefängnis, Mangel- und Misswirtschaft, Menschenrechte und alles andere Böse.

Nicole: Das werden wir mit unseren Forderungen sowieso, egal, welchen Namen wir wählen. Dann doch gleich den Pfeil dahin richten, wo er hinzeigen soll.

Laura: Wir könnten als ersten Schritt einmal sammeln, was in einem Plan B aufgenommen werden soll, was alles diskutiert werden muss. Worüber wir Einigkeit brauchen.

Lua: Ja, und zwar ohne dass wir Gesetze fordern oder an Politiker appellieren.

Lua: Genau. Ich will auch nicht mit italienischen Komikern, französischen Gelbwesten oder wagenknechtschen Aufstehern verwechselt werden.

Nicole: Und was machen wir mit Fridays for Future?

Laura: Die FFFler müssen sich erst einmal entscheiden, ob sie sich mit Jammern, Schuldzuweisungen und Appellen zufriedengeben oder ihre Zukunft selbst in die Hand nehmen wollen.

Aaron: Für diejenigen, die sich für unseren Plan_B interessieren und mit uns ins Gespräch kommen wollen kann ich ja einen Briefkasten einrichten: kritik@plan-be.jetzt.

Dank

Die Herausgabe einer Publikation ist Teamarbeit. Ohne sie wäre diese Streitschrift nicht entstanden. Mein Dank gilt Aaron, Anna, Laura, Lua und Nicole und den vielen anderen, die schon wissen, dass sie gemeint sind.

Literatur

Bebel, August; Bernstein, Eduard. *Der Briefwechsel zwischen Friedrich Engels und Karl Marx.* Bd. 2 Bremen, 2012, Reprint der Ausgabe von 1913.

Beckert, Sven. *King Cotton. Eine Geschichte des globalen Kapitalismus*, München 2019. Club of Rome. *Die Grenzen des Wachstums.* Stuttgart 1972.

Brecht, Bertolt. *Flüchtlingsgespräche.* Erweiterte Ausgabe. Berlin 2019.

Crary, Jonathan 24/7. *Schlaflos im Spätkapitalismus.* Berlin 2014.

Edenhofer, Ottmar; Jakob, Michael. *Klimapolitik. Ziele, Konflikte, Lösungen*, München 2017.

Fitzek, Alfons. *Staatsanschauungen im Wandel der Jahrhunderte. I. Von Demokrit bis Thomas Morus*, Paderborn 1965.

Fitzek, Alfons. *Staatsanschauungen im Wandel der Jahrhunderte. II. Von Luther bis zur amerikanischen Unabhängigkeitserklärung*, Paderborn 1977.

Franck, Georg. *Ökonomie der Aufmerksamkeit*, München 2007.

Hesse, Eva. *Die Wurzeln der Revolution. Theorien der individuellen und der kollektiven Freiheit.* München 1974.

Huisken, Freerk. *Flüchtlingsgespräche 2015ff. : Über demokratische Ausländerfeindlichkeit und völkischen Nationalismus, linke Heimatliebe und weltoffenen Patriotismus*, Hamburg 2020.

Krölls, Albert. *Kritik der Psychologie, Das moderne Opium des Volkes*, Hamburg 2016.

Marx, Karl; Engels, Friedrich: Werke (MEW), Band 3, Band 7, Band 13, Band 20, Band 23, Band 25, Ergänzungsband 1, Berlin 1977–1979.

Morus, Thomas. *Der utopische Staat*, Reprint Reinbek 1964.

Platon. *Der Staat*, München 1991.

Predehl, Sabine; Röhrig, Rolf. *Gesundheit – ein Gut und sein Preis*, München 2016.

Rezo. *Die Zerstörung der CDU*; https://www.youtube.com/watch?v=4Y1lZQsyuSQ, abgerufen am 20.2.2020.

Savater, Fernando. *Tu was du willst. Ethik für Erwachsene von morgen*, Frankfurt 1993.

Schulte, Ulrich: *Herrschaftszeiten. Geschichten von Herrn Keiner*. Luxembourg: Editpress; Essen: BasisBuch 2012; http://www.herrkeiner.com/fundstueck/sein-und-haben-2, abgerufen am 22.7.2020.

Shah, Sonia: Woher kommt das Coronavirus? In: *Le Monde diplomatique*, 12.3.2020, S. 47.

Steinfeld, Thomas. *Der Herr der Gespenster. Die Gedanken des Karl Marx*, Hamburg 2017.

Störig, Hans Joachim. *Kleine Weltgeschichte der Philosophie 1*. Frankfurt 1973.

Weitling, Wilhelm. *Garantien der Harmonie und Freiheit*, Stuttgart 1974, Reprint von 1842.